Goldstempel
aus
aller Welt

Jan Divis

Goldstempel aus aller Welt

Katalog der Gold-Prägezeichen zur schnellen Zuordnung von Kunstwerken und Gegenständen

BATTENBERG

Bibliografische Information der Deutschen Bibliothek

Die Deutsche Bibliothek verzeichnet diese Publikation in der Deutschen Nationalbibliografie; detaillierte bibliografische Daten sind im Internet über http://dnb.ddb.de abrufbar.

ISBN 978-3-86646-066-9

5. Auflage 2010

ISBN 978-3-86646-066-9

Titelabbildung: Kupferstich von Christoph Weigel (1654-1725), Fingerringmacher [akg-images.de]

INHALT

EINLEITUNG

Die Stempel mit denen Gegenstände aus Gold, Platin und Palladium versehen werden, erfüllen die gleiche Funktion wie die Silberstempel. Für den Käufer stellen sie eine Garantie für die Qualität des Edelmetalls dar, für den Sammler eine wichtige Informationsquelle über die Herkunft und das Alter eines Gegenstandes. Dieses Buch soll vor allem dem Sammler dienen. Es enthält die aus der Literatur bekannten Stempel auf Gold, Platin und Palladium von ihrer Einführung bis in die Gegenwart. Bei der Auswahl der Stempel wurden vor allem solche Zeichen berücksichtigt, die Antwort auf die zwei wichtigsten Probleme jedes Sammlers geben: Wo wurde ein Gegenstand hergestellt und wie alt ist er? Diese Fragen werden am besten durch solche Stempel beantwortet, die von einer Kontrollinstanz, d. h. von einer Zunft, einer städtischen oder staatlichen Behörde, angebracht wurden. Diesen Zeichen wurde besondere Aufmerksamkeit gewidmet. Die übrigen Stempel (Meistermarken, Jahresbuchstaben usw.) wurden im vorliegenden Handbuch zwar nicht berücksichtigt, weil dessen Umfang das erträgliche Maß überschritten hätte, doch in die Auswahl wurden Spezialstempel (Steuer-, Feingehaltsstempel u. a.) aufgenommen, so daß dem Sammler weitere wichtige Informationen vermittelt werden.
Einzelne Abschnitte des Buches erläutern die historische Bedeutung von Gold, Platin und Palladium, Speziallegierungen von Edelmetallen und deren Imitationen und beschreiben die Prüfung von Edelmetallen. Das Buch soll dem Sammler einen allgemeinen Überblick geben und auf die Problematik dieses Gebiets aufmerksam machen. Hinzuweisen ist auch auf das in der gleichen Reihe erschienene Buch Jan Diviš *Markenzeichen auf Silber*, Praha 1976, in dem die Entwick-

lung der Vorschriften über die Stempelung in den einzelnen Ländern behandelt wurde. Diese Handbücher ergänzen einander, weil es bis ins 19. Jahrhundert praktisch keine gesonderten Stempel für Gold und für Silber gab. Wenn es sich um ältere Gegenstände aus Gold – solche französischen Ursprungs ausgenommen – handelt, muß die Bedeutung im Handbuch für Silberstempel nachgeschlagen werden. Im vorliegenden Werk wurden die Stempel nach den dargestellten Motiven angeordnet, um dem Sammler die Orientierung zu erleichern. Der Text zu jeder Abbildung vermittelt nicht nur grundlegende Informationen über die Zeit und den Ort des verwendeten Stempels, sondern enthält auch die – bisher bekannten – Angaben, z. B. den Feingehalt der Edelmetalle, den Zeitraum der Verwendung bzw. Gültigkeit, besondere Bestimmung (Steuer, Export, Import, Überstempelung usw.) sowie weitere wichtige Merkmale.

Die Stempel wurden nach den Motiven folgendermaßen eingeteilt:

Buchstaben	1— 445
Zahlen	446— 564
Menschliche Gestalten	565— 771
Säugetiere	772—1042
Vögel	1043—1187
Übrige Lebewesen	1188—1255
Pflanzen	1256—1409
Himmelskörper	1410—1448
Architektur	1449—1469
Gegenstände	1470—1670
Zeichen und Symbole	1671—1721
Buchstaben fremder Alphabete	1722—1850

Jan Diviš

STEMPELUNG VON GOLD, PLATIN UND PALLADIUM

Jede Stempelung von Metallen, d. h. eine mit einem besonderen Stempel eingeschlagene Figur, ein Buchstabe oder eine Zahl, verfolgte immer zwei grundsätzliche Zwecke. Erstens handelte es sich um den Schutz des Käufers; die Anbringung eines Stempels bedeutete für ihn die Garantie, daß der Gegenstand tatsächlich aus Edelmetall hergestellt wurde (in früheren Zeiten aus Gold oder Silber), und die zur Anfertigung verwendete Legierung den behördlichen Vorschriften (sei es den vom Staat, dem Land, der Stadt oder der Zunft erlassenen) entspricht. Man muß sich vergegenwärtigen, daß ein Goldschmied (mit wenigen Ausnahmen) für seine Arbeit kein reines Edelmetall verwendete und verwendet. Gediegenes Gold, Platin und Silber sind für die Goldschmiedearbeit zu weich; die daraus verfertigten Gegenstände verformen sich leicht, ihre Oberfläche wird beschädigt und durch die Abnutzung entstehen verhältnismäßig große Verluste. Diese Gründe führten dazu, daß Edelmetalle seit urdenklichen Zeiten von den Goldschmieden mit anderen Metallen legiert wurden; dadurch konnte die überwältigende Schönheit des Glanzes und Aussehens der Edelmetalle bewahrt und die unerwünschten Eigenschaften von Edelmetallen beseitigt werden. Die Vermischung von Edelmetallen mit anderen Metallen wird Legierung genannt. Gold wird am häufigsten mit Silber, Kupfer, Nickel, Zink u.a. legiert. Das Verhältnis zwischen dem Gehalt des jeweiligen Edelmetalls und dem der anderen Metalle wird in der modernen Zeit in Tausendsteln angeführt und ist als Feingehalt bekannt. Daraus ergibt sich, daß es sich bei Gold mit einem Feingehalt von tausend Tausendsteln (1000/1000) um das gediegene Edelmetall handelt. Wenn ein Gegenstand aus 750/1000 gekennzeichnetem Gold hergestellt ist, sind in der Legierung 750 Teile reinen Goldes und 250 Teile eines (oder mehrerer) anderen Metalls enthalten. In früheren Zeiten wurde für den Reingehalt an Gold die Bezeichnung Karat verwendet. Um diesen früher gebräuchlichen Ausdruck besser verstehen zu können, müssen wir in die Vergangenheit zurückgreifen. Das Wort „Karat" stammt aus dem Arabischen und bedeutet „Kharrub" – Johannisbrot (die Frucht des nordafrikanischen Johannisbrotbaums), dessen harte Samen meist das gleiche Gewicht haben, d. h. je ca. 0.195g, das von den alten Völkern zur Wägung von Edelmetallen und Edelsteinen benutzt wurde. In fast ganz Europa bildete die von der römischen Mark oder des Pfunds hergeleitete Mark die Gewichtseinheit für Edelmetalle, die in 12 Unzen im Gesamtgewicht von 327,12g geteilt wurde. Dieser, von den Franken übernommene Wert wurde nach und nach um ein Drittel vermindert, d.h. auf 8 Unzen, was 218.080g entspricht. Um die Richtigkeit eines Gewichtsstückes zu gewährleisten, war es üblich ein „Marke" genanntes Kontrollzeichen anzubringen. Daraus entwickelte sich die Bezeichnung Mark, die in historischen Quellen zum erstenmal im Jahre 1042 erscheint. Das Gewicht des Pfunds war in den einzelnen Gebieten unterschiedlich. Die bekannte Kölner Mark wog 233.856 g, die Pariser 244.7529 g, die Wiener 280.888 g, die Böhmische 256.8750 g usw. In Rußland wurden für die Wägung von Edelmetallen andere Gewichtseinheiten verwendet: 1 Dolja = 0.04443 g; 1 Solotnik = = 96 Doljas = 4.266 g. In England war es 1 oz (ounce) Troy, die in 20 dwt (penny-weight) = 31.1035 g geteilt war. Seit der Entstehung der Zünfte wurde die Mark zum Zwecke der Wägung in 24 Karat oder 288 Gran eingeteilt. Daraus geht hervor, daß gediegenes Gold als 24karätiges bezeichnet wurde. Wegen seiner technischen Eigenschaften wurde 18karätiges Gold bevorzugt, d.h. eine Legierung von 18 Teilen gediegenen Goldes und 6 Teilen anderer Metalle. Selbstverständlich gibt es auch Legierungen mit anderem Feingehalt, von denen der 8karätige (8 Teile Gold und 16 Teile anderer Metalle) als einer der niedrigsten, behördlich zugelassenen gilt. In vielen Ländern wurde im 19. Jahrhundert die Bezeichnung des Feingehalts als „Karat" abgeschafft und das Tausendstelsystem eingeführt. Für Edelsteine blieb die Bezeichnung Karat als Gewichtseinheit bis heute unverändert, wird dann aber meistens „Carat" geschrieben.

Die Stempel gewährleisteten dem Käufer, daß ein Gegenstand aus einer Legierung hergestellt wurde, die den örtlichen Vorschriften über den Feingehalt von Edelmetallen entspricht. Damit wurde auch noch ein anderer Zweck verfolgt (allerdings nicht in allen Ländern), der rein utilitärer Natur war: Spezialstempel bestätigten, daß für einen Gegenstand aus Edelmetall eine Sondergebühr an den Staat entrichtet wurde. In manchen Ländern wurde eine einmalige Gebühr erhoben, in anderen nur für einen bestimmten Zeitraum, wobei sich die Höhe und Art immer nach den Staatsfinanzen richtete. Ein typisches Beispiel war die Maßnahme der Regierung der österreichisch-ungarischen Monarchie aus den Jahren 1806—1807, als der Staat während der napoleonischen Kriegen finanziell ruiniert war; ähnlich verhielt es sich im Jahre 1809 mit Preußen, das eine Sondergebühr für die Abzahlung einer Kriegssteuer an Frankreich erhob. In anderen Staaten stellten derartige Sondergebühren eine Dauereinrichtung dar und ihre Entrichtung wurde auf Gegenständen aus Edelmetall durch einen Stempel gekennzeichnet. Da dieses System in Frankreich aufs höchste vervollkommnet war, müssen wir es eingehender behandeln: Seit dem 13. Jahrhundert wurden Gegenstände aus Edelmetallen einerseits mit einer Stadtmarke, andrerseits mit einer Marke des Erzeugers, d.h. des Goldschmieds versehen. Dieses in ganz Europa gebräuchliche System wurde bis 1672 gehandhabt. In diesem Jahr wurde für Gegenstände aus Edelmetallen eine neue Abgabe eingeführt – „droit de marque sur l'or et l'argent". Die Einziehung dieser Gebühr wurde in Pacht gegeben und ihre Entrichtung durch einen Sonderstempel auf dem Gegenstand vermerkt. Ab 1681 kam zum Stempel des Pächters ein weiterer Stempel hinzu und die Kennzeichnung eines Gegenstands wurde praktisch folgendermaßen (nach Rosenberg) vorgenommen:

1. Bevor der Goldschmied einen Gegenstand fertiggestellt hatte, in der Regel vor der Montage eines Werkes, brachte er an jedem selbständigen Teil seine eigene Marke – „poinçon à contre signe" – später „poinçon de maître" genannt –, an.
2. Die derart bezeichneten Einzelteile mußte er im „bureau de la regie" den Beamten des Pächters vorlegen, die dann den Gegenstand mit dem „pionçon de charge" genannten Stempel versahen. Dieser bedeutete, daß der Gegenstand zur Versteuerung vorgelegt werden mußte.
3. Auch dann durfte der Meister den Gegenstand nicht voll-

enden, sondern mußte dessen Teile auch noch der Zunft, dem „bureau de la maison commune" vorlegen, wo die Prüfer der Zunft (gardes des communautés) den Feingehalt der einzelnen Teile überprüften (die sog. „Beschau" vornahmen) und sie mit dem Stadtstempel, (vorwiegend mit einem das betreffende Jahr bezeichnenden Buchstaben) dem sog. „poinçon de la maison commune" versahen.

4. Erst jetzt durfte der Goldschmied den Gegenstand fertigstellen. Nachher – noch vor dem Verkauf – mußte er wieder im „bureau de la régie" vorgezeigt werden und erhielt nach Entrichtung der vorgeschriebenen Abgabe den „poinçon de décharge" genannten Stempel. Erst dann durfte das Erzeugnis in Läden verkauft werden.

Wie man sieht, war jeder Gegenstand mit vier Stempeln bezeichnet. Hier wurden zum erstenmal unterschiedliche Stempel für Gold und Silber verwendet; außerdem waren sie auch hinsichtlich der Größe eines Gegenstands, des Feingehalts des Edelmetalls, nach der Person des Pächters und sogar nach den Steuerbezirken (généralité) verschieden. Es ist daher nicht verwunderlich, daß es sich um viele Tausende von Stempeln handelt; viele konnten bis heute noch nicht einwandfrei identifiziert werden. Im Jahre 1797 wurde in Frankreich ein neues System der Stempelung eingeführt. Die Überprüfung des Feingehalts ging von den Zünften auf den Staat über. Von diesem Jahr an wurde der Feingehalt mit einem „poinçon de titre" genannten Stempel gekennzeichnet, die Entrichtung der Steuer mit einem zweiten, dem „poinçon de garantie". Außer den erwähnten Stempeln wurden zeitweilig noch weitere für besondere Zwecke benutzt. Zu den bedeutendsten Stempeln dieser Art gehört der „poinçon de reconnaissance". Es handelt sich um einen im Jahre 1750 eingeführten Stempel zur Kennzeichnung von Teilen, die älteren Gegenständen neu hinzugefügt wurden. Diese Bezeichnung galt auch für verschiedene andere Stempel. „Poinçon de recense" – die neuen Pächter konnten entweder die Stempel ihrer Vorgänger beibehalten oder sich neue Stempel wählen. Wenn neue Stempel eingeführt wurden, mußte die sog. Generalrecense vorgenommen werden; bei dieser Amtshandlung wurden die vom Vorgänger des neuen Pächters versteuerten Gegenstände kostenlos mit einem neuen Sonderstempel ausgestattet. Die erste kostenlose recense fand im Jahre 1722 statt, nachdem zahlreiche Fäl-

schungen von Pächterstempeln festgestellt worden waren. „Poinçon de vieux" ist der Stempel für ältere Gegenstände, die von neuem in ein Geschäft kamen und noch von früher einen Pächterstempel hatten.
In fast allen europäischen Ländern wurden bis ins 19. Jahrhundert keine unterschiedlichen Stempel für die einzelnen Edelmetalle verwendet. Die einzige Ausnahme bildeten Frankreich und die österreichisch-ungarische Monarchie, wo im Jahre 1774 besondere Stempel für Gegenstände aus Gold eingeführt wurden (es gab zwar einige, zeitlich meist begrenzte örtliche Ausnahmen, die jedoch bedeutungslos sind). Man kann daher behaupten, daß sich der Grundsatz unterschiedliche Stempel nach den einzelnen Arten der Edelmetalle zu benutzen erst dann allgemein durchsetzte, als die Kontrolle über die Qualität der Legierungen von den örtlichen Behörden oder den Zünften vom Staat übernommen wurde. Dieser Wandel hängt nicht nur mit den fiskalischen Interessen des Staates zusammen, sondern auch mit dem gewaltigen Aufschwung und der Abwicklung des zwischenstädtischen wie des internationalen Handels. An dieser Stelle muß darauf hingewiesen werden, daß es dennoch Staaten gibt, in denen die Kontrolle des Feingehalts an Edelmetallen bis heute nicht obligatorisch ist, bzw. daß eine Kontrolle nur auf Ersuchen des Käufers oder Verkäufers vorgenommen wird.

GOLD, chemisches Zeichen Au, Atomgewicht 196.967, Schmelzpunkt 1064 °C, spezifisches Gewicht 19.3. Gediegenes Gold kommt in der Natur als Geröll sowie in Staub- und Körnerform vor. Größere Klumpen findet man jedoch nur sehr selten; dessenungeachtet sind mehrere oder sogar Dutzende Kilo schwere Funde bekannt (in der UdSSR und in Australien). Die Gewinnung erfolgt entweder durch Förderung goldhaltiger Erze oder durch Auswaschen goldhaltiger Anschwemmungen, die durch die Verwitterung und das Abschwemmen goldhaltigen Gesteins entstanden sind. Gold ist sehr dehn- und schmiedbar; ein Gramm Gold kann zu einem bis 2500 m langen feinsten Draht gezogen oder zu 1/10000 mm dünnen Plättchen ausgeschlagen werden. An der Luft bleibt es allen Oxydierungsprozessen gegenüber unveränderlich, widersteht Säuren und ist nur in Königswasser, Halogenen und Quecksilber (in Amalgam) löslich.

Gold wird häufig als das älteste Metall bezeichnet, denn die Menschen kannten es bereits seit dem Ende der Steinzeit; dies geht aus urzeitlichen Funden sowie aus Funden in Ägypten eindeutig hervor. Auch in einem der ältesten Dokumente der Menschheitsgeschichte – der Bibel – wird Gold am Anfang des I. Buches Mosis (der Genesis) bei der Beschreibung des Paradieses erwähnt. Ein weiterer Hinweis in der Bibel bezieht sich zwar erst auf die Zeit Abrahams, doch aus dem Charakter der Niederschrift kann geschlossen werden, daß die Verwendung von Gold zur Verzierung schon allgemein verbreitet war, d.h. daß bereits die technischen Voraussetzungen für die Bearbeitung gegeben waren. Daraus geht hervor, daß Gold in der ganzen damaligen Kulturwelt bekannt war. Eine Lokalisierung der ersten Fundstätten ist nicht möglich, weil darüber keine verläßlichen Berichte überliefert wurden. Es wird angenommen, daß sich die ältesten Fundorte dieses Edelmetalls in Arabien, Nubien, Äthiopien, in den Gebirgen zwischen dem Mittelmeer und dem Schwarzen Meer, später in Ostafrika befanden, d.h. überwiegend in der Nähe des ägyptischen Kulturzentrums. Die ersten historischen Berichte über den Reichtum an Gold, insbesondere der im Osten lebenden Völker, findet man im Werk des griechischen Geschichtsschreibers Herodot (um 484—430 v.u.Z.), der die goldenen Götzenbilder und Altäre im Tempel von Babylon zur Zeit der sagenhaften assyrischen Königin Semiramis beschreibt.
Auch andere Herrscher der damaligen Welt häuften Goldschätze an. Bereits zur Zeit Homers bedeutete ein solcher Besitz nicht nur Reichtum, sondern auch Macht. Es ist daher nicht verwunderlich, daß Gold den wertvollsten und begehrtesten Teil einer Kriegsbeute darstellte. Die Perser verfügten zwar über keine bedeutenden Goldgruben, erbeuteten jedoch bei ihren Eroberungszügen gegen die Reiche Babylon, Assyrien und Ägypten einen riesigen Goldschatz. Der griechische Geschichtsschreiber Polybios (um 201—120 v.u.Z.) berichtet über den Sommersitz der persischen Könige in Ekbaten, der angeblich ganz mit Gold und Silber bedeckt war.
In der Antike gab es über fast die ganze damals bekannte Welt verstreute Fundstätten. Gold (griechisch – chrysos, lateinisch – aurum) wurde anfangs durch Auswaschen aus Flußsand gewonnen und erst später im Bergbau gefördert. Die Griechen hatten Goldgruben auf den Inseln Thasos, Syph-

nos und Kypros (Zypern), auf dem Festland in Thrakien und Makedonien. Nach zeitgenössischen Berichten betrug die Jahresförderung aus den Goldgruben in Thrakien unter dem König Philipp II. (359—336 v.u.Z.) über 1000 Talente, d.h. über 26 Tonnen. Ein anderer wichtiger Fundort von Edelmetallen der Antike war Hispania (das heutige Spanien), der schon den Phöniziern bekannt war. Hier verschafften sich auch die Karthager das Gold, aus dessen Erlös Hannibal angeblich seinen Krieg gegen Rom finanzierte. In der Zeit der römischen Verwaltung sollen in Spanien 60 000 Sklaven eingesetzt gewesen und ca. 7 Tonnen Gold gefördert worden sein. Der erste kurze Bericht über die metallurgische Aufbereitung goldhaltigen Erzes ist erst im Werk des griechischen Geschichtsschreibers Diodor von Sizilien aus dem 1. Jahrhundert v.u.Z. zu finden. Es ist selbstverständlich, daß sich die Goldvorräte der damaligen Welt in der Zeit des Aufschwungs und der größten Machtfülle in der Hauptstadt des Römischen Reiches Rom konzentrierten. Die Wände des Kapitols waren mit Gold bedeckt (Kaiser Nero hatte seinen Palast ganz mit Gold ausschmücken lassen), die Sieger wurden mit mehreren Kilogramm schweren Goldkronen geehrt. Nach dem Untergang des Römischen Reiches ging ein Bruchteil dieses Reichtums auf das Oströmische Reich (Konstantinopel) über; der größte Teil fiel den Barbaren als Kriegsbeute in die Hände und wurde nutzlos vergeudet. In den ersten Jahrhunderten unserer Zeitrechnung wurde die Goldgewinnung fast vollständig eingestellt; in schriftlichen Quellen aus der damaligen Zeit wird Gold nur selten erwähnt. Allerdings förderten die Mauren in Südspanien und Ostafrika Gold, das von den geschäftstüchtigen Venezianern auf den europäischen Markt gebracht wurde. In Europa blieb die Goldwäscherei und Goldförderung in Ungarn und Siebenbürgen erhalten; hier befanden sich schon zur Zeit des Kaisers Trajan bekannte Fundstätten, die jedoch wenig ergiebig waren. Eine Wendung trat erst im 12. Jahrhundert ein, als die für die damalige Epoche sehr ergiebigen Fundstätten im Königreich Böhmen entdeckt wurden, das bis in die Zeit der Husittenkriege (Anfang d. 15. Jh.) der wichtigste Lieferant dieses Edelmetalls für den europäischen Markt wurde. Nach Berichten aus Chroniken geht hervor, daß unter Kaiser Karl IV. (1346—1378) ein Dreißigstel des Ertrags einer einzigen Goldgrube bei der Gemeinde Jílové ihrem Besitzer bis

50 000 Dukaten jährlichen Gewinn abgeworfen haben soll. Im 17. Jahrhundert waren die vorhandenen Vorräte erschöpft. Einen grundlegenden Umschwung führte die Entdeckung Amerikas herbei. Als die Spanier die auf ihren Expeditionen in Peru, Chile und Mexiko geraubten Schätze aus Edelmetallen in ihre Heimat brachten, erstarrte ganz Europa in ehrfürchtigem Staunen. Es glaubte an eine Wiederkehr des sagenhaften Goldenen Zeitalters. Die wichtigste Goldquelle für Europa war jedoch nicht der von den spanischen Konquistadoren erbeutete Reichtum, sondern die Entdeckung ergiebiger Goldvorkommen in Brasilien im 17. Jahrhundert. Die gesamte Goldförderung der Alten Welt wurde schließlich durch die im Jahre 1848 in Kalifornien und 1851 in Australien entdeckten riesigen Goldvorräte weit übertroffen. Zu diesen kam im Jahre 1882 Transvaal hinzu. Diese Vorkommen sowie die Fundorte in Sibirien bilden heute die wichtigsten Goldlieferanten für die ganze übrige Welt.

PLATIN, chemisches Zeichen Pt, Atomgewicht 195.09, Schmelzpunkt 1773 °C, spezifisches Gewicht 21.46, ist ein grauweißglänzendes Metall, das Blei ähnelt; es ist hämmerbar und walzbar. In der Natur kommt es im Flußsand sowie in Anschwemmungen in Form von runden oder kantigen Körnern und Geröll vor, das manchmal bis über 10 kg schwer sein kann; es enthält in der Regel 50—70 % Platin, 5—6 % andere Metalle der Platingruppe (Palladium, Osmium, Rhodium, Ruthenium und Iridium), einen ungefähr ebenso hohen Prozentsatz Kupfer und einen Eisenzusatz von 2—18 %. Es ist nur in siedendem Königswasser löslich. Die Bezeichnung Platin wurde von der Verkleinerungsform der spanischen Bezeichnung für Silber – plata – abgeleitet.
Platin hat keine auch nur annähernd so bedeutende und jahrtausendealte Geschichte wie das Gold. Zum erstenmal wurde Platin im Jahre 1736 von Antonio d'Ulloa erwähnt, der es im goldhaltigen Sand des Flusses Pinto in Kolumbien entdeckte. Im Jahre 1741 wurde es von Wood nach Europa gebracht, 1750 stellte Watson fest, daß es sich um ein spezielles Metall handelt, 1774 erkannte Blondeau, daß Platin ein chemisches Element ist. In Europa wurde Platin zwischen 1819 und 1822 im Westteil des Ural gefunden. Das Metall kommt jedoch fast immer in goldhaltigem Sand und in Silber vor, allerdings

in sehr geringen Mengen. Die ertragreichsten Fundstätten liegen in der UdSSR, in Kanada, Kolumbien, Südafrika, Alaska und im Kongo.

PALLADIUM, Zeichen Pd, Atomgewicht 106.4, Schmelzpunkt 1549 °C, spezifisches Gewicht 12.00, ist nur in Salpetersäure löslich. Palladium ist ein Grundstoff aus der Gruppe der Platinmetalle und wurde 1803 vom englischen Forscher W. Hyde Wollaston in Platin entdeckt. Palladium kommt auch in der Natur vorwiegend in Platin vor, in Brasilien wird es aus „oro poudre" genanntem Gold gewonnen, das ca. 86 % Gold, 10 % Palladium und 4 % Silber enthält. Palladium ist ein dem Platin ähnliches silberweißes, stark glänzendes Metall, das sehr hämmer- und ziehbar ist. Es wird als Zusatz bei Platin- und Weißgoldlegierungen verwendet. Es wurde nach der griechischen Göttin Pallas Athene benannt.

FARBIGE GOLDLEGIERUNGEN

Jedem Sammler werden bei seiner Tätigkeit gewiß schon Gegenstände aus Gold aufgefallen sein, die eine von gediegenem Gold abweichende Farbtönung hatten, oder auch Gegenstände, die aus farbigen Goldlegierungen zusammengesetzt sind. Das gilt insbesondere für Schmuckstücke, denen schon die alten Meister durch fein nuancierte Farbtönung des Goldes interessante Effekte verliehen. Nachstehend wenigstens eine kurze Übersicht der bekanntesten Farbtöne:

RÖTLICHES GOLD – diese Farbe ist sowohl die älteste als auch die bekannteste. Der rötliche Farbeffekt wird durch die Beimengung von Kupfer in die Legierung erzielt. Rotes Gold war seit den ältesten Zeiten sehr beliebt; genauer gesagt eigentlich noch früher, d.h. bevor die Verfahren für die Bestimmung des Feingehalts von Goldlegierungen allgemein bekannt waren, wurde die Qualität einer Legierung nach ihrer roten Farbe beurteilt. Rötliches Gold wird in der Regel mit einem Feingehalt von 750/1000 abwärts erzeugt; dabei lag die Hauptschwierigkeit nicht in der Erzielung der Farbe, sondern in der Härte der Legierung.

GRÜNES GOLD – es handelt sich um eine Legierung von Gold mit Silber oder Kadmium. Der grüne Farbton hängt von der bei der Legierung verwendeten Silbermenge ab.

BLAUES GOLD – ist eine Legierung von Gold mit Stahl, meist im Verhältnis 18 : 6; diese Art war insbesondere in Europa weit verbreitet, möglicherweise aus dem Grund, weil im 19. Jahrhundert Schmuckstücke aus Stahl sehr beliebt waren.

WEISSES GOLD (Weißgold) – ist eine Legierung von Gold mit Metallen, durch die es intensiv entfärbt wird, so daß die Legierung eine rein weiße Farbe bekommt, an der Luft unbedingt beständig ist und auf Hochglanz poliert werden kann. Die besten Mittel für die Entfärbung von Gold sind Nickel und Palladium. Seltener werden für Weißgoldlegierungen Rhodium, Platin, Kupfer und Zink verwendet. Weißgoldlegierungen sind zwar seit Beginn dieses Jahrhunderts bekannt, fanden jedoch anfangs in Goldschmiedehandwerk nur wenig Anklang. Wegen der Härte des Materials wurde diese Art in der Uhrenindustrie bevorzugt, u.zw. als Legierungen für Lager und Federn. Durch weitere Forschungen wurden Legierungen gefunden, die auch für Juweliere interessant waren, weil sie als Ersatz für das teure Platin benutzt werden konnten. Zusammenfassend kann gesagt werden, daß Weißgold mit einem Zusatz von Palladium für kostbare Schmuckstücke verwendet wird, insbesondere als Fassungen für Brillanten und diesen ebenbürtigen Edelsteinen, Legierungen mit Nikkel hingegen für die Herstellung weniger teurer Goldwaren.

PURPURGOLD – ist eine Legierung von Gold und Aluminium, meist im Verhältnis 18 : 6, die zwar nicht purpurrot, sondern eher Bronze ähnelt, das pflaumenblau überhaucht ist. Diese Art wurde im Jahre 1937 zum erstenmal öffentlich gezeigt, hat sich aber wegen der schwierigen Verarbeitung nicht durchgesetzt.

Die einzelnen Farbeffekte des Goldes werden durch den Zusatz unterschiedlicher Metalle in die Legierungen erzielt. Welche Art und welche Menge ein Goldschmied zur Erzeugung von Legierungen einer bestimmten Farbe benutzt, hängt von mehreren Vorbedingungen ab, die unbedingt erfüllt werden müssen:

1. Die Legierung muß den behördlichen Vorschriften über den Feingehalt entsprechen, d.h. das festgesetzte Verhältnis zwischen Edelmetallen und unedlen Metallen muß unbedingt eingehalten werden;
2. In der Legierung müssen alle charakteristischen technischen Eigenschaften der Edelmetalle erhalten bleiben, damit sie weiter bearbeitet werden kann. Sie darf daher weder zu spröde noch zu hart sein und beim Guß, Hämmern, Walzen, Pressen usw. keine Fehler aufweisen;

3. Die Legierung muß den gewünschten Farbton haben, damit der Goldschmied sie für den gewünschten Zweck verwenden kann, bzw. den aktuellen modischen Richtungen entsprechen.

Dem Goldschmied sind daher bei der Herstellung von farbigen Legierungen Grenzen gesetzt. Aus diesem Grund wurden zahlreiche Vorschriften und Anleitungen für die Herstellung verschiedenfarbiger Legierungen mit unterschiedlichem Feingehalt erlassen. Interessehalber führen wir nachstehend eine kurze Tabelle für die Zusammensetzung verschiedenfarbiger Goldlegierungen (nach K. Täubel) an; die Zusammensetzung der Legierung ist in Tausendsteln angegeben:

Farbe	Au	Ag	Cu	Ni	Zn	Pd	Fe
hellgelb	585	320	95	—	—	—	—
gelb	585	280	135	—	—	—	—
dunkelgelb	585	230	185	—	—	—	—
rosa	585	140	275	—	—	—	—
rot	585	70	345	—	—	—	—
grün	587	390	23	—	—	—	—
weiß (härter)	585	—	185	155	75	—	—
weiß (weicher)	585	185	—	—	80	150	—
gelb	750	122	123	—	—	—	—
rot	750	60	190	—	—	—	—
grün	750	250	—	—	—	—	—
blau	750	—	—	—	—	—	250
weiß	750	—	55	155	40	—	—

PLATINLEGIERUNGEN

Platin hat einige Eigenschaften, die eine breite Verwendung ermöglichen. Es handelt sich vor allem um seine außergewöhnliche Widerstandsfähigkeit gegen chemische Einflüsse, seine hervorragende Formbarkeit und Zähigkeit und nicht zuletzt seinen hohen Schmelzpunkt. Sein einziger Nachteil ist, daß es für manche Verwendungsart zu weich ist und sich verhältnismäßig bald abnutzt. Platin wird daher (vom Preis abgesehen) vorwiegend in Legierungen mit anderen Metallen verwendet, u.zw. insbesondere mit Gold, Silber, Kupfer, manchmal auch mit Nickel, sowie in Legierungen mit weiteren Metallen der Platingruppe, vor allem mit Iridium und Rhodium. Die Legierung von Platin mit 10 % Iridium ist dadurch bekannt, daß sie im Jahre 1870 vom Internationalen Bureau für Maß und Gewicht in Paris als Material für den Prototyp (Urmeter) des Normalmeters anerkannt wurde.

Durch die Beimengung von Platin in Gold wird nicht nur dessen schnelle Erreichung des Schmelzpunktes, sondern insbesondere seine beschleunigte Entfärbung erzielt. Bei einem Zusatz von 30 % Platin ist die Legierung nur noch schwach gelb angehaucht, von 40 % aufwärts jedoch schon weiß. Ein Nachteil bei der Verwendung dieser Legierung im Goldschmiedehandwerk besteht darin, daß mit gesteigertem Platingehalt auch die Härte und Festigkeit des Materials zunimmt, so daß eine Legierung von mehr als 40 % sich nicht mehr formen läßt. Aus diesem Grund werden von Goldschmieden Legierungen mit 5—10 % Platin verwendet. Legierungen von Platin und Silber haben gute mechanische Eigenschaften und werden von Goldschmieden am häufigsten mit einem Platingehalt von 20—33 % benutzt.

Platin wird auch mit Kupfer geschmolzen (in der Praxis in

jedem Verhältnis); diese Legierungen lassen sich hervorragend formen und sind weich. Die Farbe des Kupfers wird schon bei einer Beimengung von nur 4 % Plantin rosa, bei 40 % ist sie weiß. Im Goldschmiedehandwerk sind Legierungen mit 25—55 % Platin in Kupfer nur sehr selten gebräuchlich. Heute wird als „Juwelierplatin" eine Legierung bezeichnet, die 950 Teile Platin und 50 Teile Gold, Kupfer oder Iridium enthält.

ÜBERPRÜFUNG VON GOLD- UND PLATINLEGIERUNGEN SOWIE VON LEGIERUNGEN UNEDLER METALLE

Jeder Sammler wird gewiß schon im ungewissen darüber gewesen sein, ob ein Gegenstand, mit dem er seine Sammlung ergänzen will oder den er bereits besitzt, tatsächlich aus Gold oder aus einem anderen, Gold nur vortäuschenden Metall hergestellt ist. Zahlreiche, vor allem kleine Gegenstände sind nicht gestempelt, weil die obligatorische Markierung in manchen Staaten nur für Gegenstände ab einem bestimmten Gewicht eingeführt war. Überdies gibt es auch Länder, in denen es keine diesbezügliche gesetzliche Bestimmung gibt. Gegenstände können auch nur vergoldet sein (entweder durch Feuervergoldung oder auf galvanischem Weg), andere wurden aus Legierungen verschiedener gewöhnlicherMetalle hergestellt, die mehr oder weniger gelungen die Farbe des Goldes nachahmen. Den Sammler interessiert selbstverständlich die Frage, welchen Feingehalt ein Gegenstand aus Gold hat. Ein erfahrener Goldschmied verfügt in seiner Werkstatt über entsprechende Hilfsmittel, mit denen er sich die benötigten Angaben rasch und verhältnismäßig genau beschaffen kann. Doch auch für Sammler wurden Methoden ausgearbeitet, die es ihm ohne verhältnismäßig teure Einrichtungen und Hilfsmittel ermöglichen, sich in Zweifelsfällen Gewißheit zu verschaffen (die Voraussetzung ist selbstverständlich ein wenig Erfahrung), ob ein Gegenstand aus Gold ist und welchen Feingehalt die Goldlegierung hat. Wir empfehlen folgendes Verfahren:

Bevor man mit der eigentlichen Überprüfung beginnt, muß man die Farbe eines Gegenstands beurteilen, denn schon diese verrät, ob es sich beim Material tatsächlich um Gold handelt. Die für manche Metalle – z.B. Eisen, Silber, Nickel, Kupfer u.ä. – typische Farbe schließt von vornherein die Möglichkeit aus, einen Gegenstand für ein Erzeugnis aus Goldlegierungen zu halten. Ein anderer Fall tritt dann ein, wenn ein Gegenstand die Farbe des Goldes hat; wir dürfen jedoch nicht vergesen, daß es weiße, rote, grüne usw. Goldlegierungen gibt. Wenn wir die Möglichkeit ausgeschlossen haben, daß ein Gegenstand nach seiner Färbung aus irgendeinem anderen Metall verfertigt ist, gibt es folgende Möglichkeiten:

1. Der Gegenstand wurde aus Silber oder einem anderen geeigneten unedlen Metall hergestellt und vergoldet;
2. Der Gegenstand wurde aus Gold verfertigt, und wir wissen nicht, welchen Feingehalt er hat;
3. Der Gegenstand wurde aus Legierungen gewöhnlicher Metalle erzeugt und die Farbe des Goldes wurde imitiert.

Um festzustellen, ob ein Gegenstand nur vergoldet ist, wendet man die einfachste Methode an, für die eine kleine Feile (oder ein anderes entsprechendes Werkzeug) genügt. Man wählt auf dem Gegenstand eine geeignete Stelle aus – am besten auf der Unter- oder Rückseite, um sein Aussehen nicht zu beeinträchtigen -, feilt oder kratzt sie derart an, daß die eventuelle Vergoldungsschicht entfernt wird. Wenn dabei eine andere Farbe als die des Goldes (z.B. von Silber oder Kupfer) erscheint, handelt es sich bei dem zur Herstellung verwendeten Grundmaterial nicht um Gold, sondern der Gegenstand wurde nur vergoldet.

Wenn man einwandfrei erkannt hat, daß ein Gegenstand nicht vergoldet ist, kann man die Überprüfung des Feingehalts vornehmen. Ein Goldschmied wendet in der Regel die Strichprobe an, die darin besteht, daß er die Einwirkung spezieller Säuren auf die Striche der zu prüfenden Gegenstände mit den Strichen von Probiernadeln mit genau bekanntem Feingehalt vergleicht. Da die Probiernadeln der unterschiedlichen Feingehalte und Farbtönungen aus genau festgesetzten Gold-Feingehalten hergestellt sind, kann ein erfahrener Goldschmied sofort die Einwirkung der Säuren auf den Probestrich und den daneben angebrachten Strich des Edelmetalls aus dem Gegenstand feststellen. Für die Erfordernisse eines Sammlers gibt es eine vereinfachte Strichprobe ohne Verwendung von Probiernadeln. Ihm genügen eine Feile, ein Probierstein aus Kieselschiefer (lat. Lydit, ein schwärzliches, mit fein verstreutem Kohlenstoff gefärbtes Kieselgestein) sowie drei Probesäuren unterschiedlicher Konzentration; die eine ist für Gold mit dem Feingehalt 750/1000 (18 Karat), die zweite für den Feingehalt 583.3/1000 (14 Karat) und die dritte für den Feingehalt 333.3/1000 (8 Karat) bestimmt. Die Probe besteht darin, daß bei der Verwendung der Säure für den Gold-Feingehalt 750/1000 Striche von 750/1000 Gold oder von Gold mit höherem Feingehalt unverändert bleiben, während Striche mit niedrigerem Feingehalt aufgelöst werden. Ähnlich verhält es sich bei der Verwendung der Säure für den Gold-Feingehalt 583.3/1000, d.h. die Striche dieses oder höheren Feingehalts bleiben unverändert. Bei der Säure für den Feingehalt 333.3/1000 bleiben die 8karätigen und mehrkarätigen unverändert, während die Striche mit niedrigerem Feingehalt sich auflösen. Der Strich des Goldes wird dann nicht verändert, wenn die aufgetragene Probesäure dem Feingehalt des geprüften Materials entspricht.

Bei der eigentlichen Probe verfährt man folgendermaßen:

Der Teil, mit dem man den Strich auf dem Probierstein vornehmen will, muß erst gründlich – am besten mit einer Feile – gereinigt werden, um eventuellen Schmutz zu beseitigen, weil dieser das Ergebnis der Probe beeinflussen kann. Der Strich muß verhältnismäßig kräftig (kompakt), ca. 2 mm breit und ca. 25—35 mm lang sein. Auf diesen Strich trägt man mit einem Glasröhrchen (das möglichst ein Bestandteil des eingeschliffenen Verschlusses der Säurefläschchen sein soll) alle drei Säuren nebeneinander derart auf, daß sie sich nicht verbinden und durch leichtes Schaukeln beobachtet man, wie schnell sie auf den geprüften Strich reagieren. Nach Abschluß der Reaktion saugt man die Säuren mit weißem Lösch- oder Filtrierpapier auf. Die Einwirkung der Säuren hängt von ihrer Temperatur sowie von der des Probiersteines ab; höhere Temperaturen beschleunigen den Vorgang. Eine der Grundbedingungen für die erfolgreiche Durchführung der Probe ist die Kompaktheit des Striches auf dem Probierstein. Goldlegierungen mit einem Feingehalt von über 900/1000 ziehen auf dem Probierstein einen schuppigen Strich, weil sie sehr weich sind; harte Legierungen (z. B. Weißgold) hinterlassen Rillen, weil sie härter sind als der Probierstein. Die besten Ergebnisse werden bei farbigen Legierungen von Gold mit Silber und Kupfer mit einem Feingehalt von 500—750/1000 erzielt. Diese Probe kann selbstverständlich nur einen ungefähren Goldgehalt ergeben. Der Gehalt an Edelmetallen in einer Legierung kann erst in Speziallabors genau bestimmt werden. Gute Säuren für derartige Proben sind zwar in Prüfstellen für Edelmetalle oder bei Zulieferfirmen für Goldschmiede erhältlich, doch führen wir zur Ergänzung die Zusammensetzung der Säuren für die einzelnen Feingehaltsgruppen (nach Ing. K. Hradecký) an:

750/1000 (18 Karat): 40 cm³ konzentrierte Salpetersäure, spez. Gewicht 1.42;
1 cm³ konzentrierte Salzsäure, spez. Gewicht 1.19;
15 cm³ destilliertes Wasser.

583.3/1000 (14 Karat): 30 cm³ konzentrierte Salpetersäure, spez. Gewicht 1.42;
1/2 cm³ konzentrierte Salzsäure, spez. Gewicht 1.19;
70 cm³ destilliertes Wasser.

333.3/1000 (8 Karat): 20 cm³ konzentrierte Salpetersäure, spez. Gewicht 1.42;
20 cm³ destilliertes Wasser.

Die Säuren sollen möglichst in Glasfläschchen (Inhalt 25—100 cm³) mit eingeschliffenem Verschluß aufbewahrt werden. Bei der Arbeit mit Säuren ist selbstverständlich höchste Vorsicht geboten! Die Prüfung von Platin auf dem Probierstein ist jener von Goldlegierungen ähnlich. Die Probesäure ist eine Mischung von Königswasser mit Kaliumnitrat (Konversionssalpeter – KNO_3) oder Kaliumjodid. Da für Platin der Feingehalt 950/1000 allgemein üblich ist, kann sich der Sammler mit der Feststellung begnügen, ob der geprüfte Gegenstand aus Platin oder aus einem die Farbe von Platin nachahmenden Metall hergestellt ist. Für diesen Zweck genügt eine Probe: Der zu prüfende Gegenstand wird an einer geeigneten Stelle gereinigt (am vorteilhaftesten durch leichtes Anfeilen mit nachfolgender Reinigung), worauf man auf diese Stelle Salpetersäure tropfen läßt. Wenn es sich um Platin handelt, tritt keine Reaktion ein; hingegen bildet sich auf Silber ein schwarzer, manchmal bis grünlich verfärbter Fleck, was von der Qualität des Silbers abhängt; bei aus Nickel, Zink oder Kadmium verfertigten Gegenständen schäumt die Säure auf. Bei der Herstellung von Schmuckstücken wird das teure Platin häufig durch das billigere Weißgold ersetzt, was sich leicht feststellen läßt u.zw. mit Hilfe von Königswasser, d.h. 1 Teil Salpetersäure und 3 Teilen Salzsäure. Wenn man auf einen im Probierstein gemachten Strich von Weißgold Königswasser tropft, löst dieses den Strich sofort auf.

UNEDLE METALLE oder ihre Legierungen erkennt man bei der Strichprobe auf dem Probierstein sehr leicht. Sie bilden nämlich unter allen angeführten Probiersäuren kleine (schäumende) Blasen und die Striche verschwinden nach wenigen Sekunden; Kupferlegierungen hinterlassen eine grünliche Färbung.

Jeden Sammler wird selbstverständlich in erster Linie die künstlerische Ausführung eines Gegenstandes interessieren (der kunsthistorische Wert ist häufig um ein Vielfaches größer als der materielle, d.h. der Wert des Materials, aus dem ein Stück erzeugt wurde). Dennoch möchten manche Sammler wissen, wieviel gediegenes Edelmetall ein Gegenstand enthält. Weil er bereits imstande ist den Feingehalt einer Legierung zu bestimmen, kann er sich den entsprechenden Wert auf einfache Weise ausrechnen. Die Legierung (oder der Gegenstand) wird genau abgewogen und das Grammgewicht mit dem in Tausendsteln festgestellten Feingehalt multipliziert. Zum Beispiel: Ein Gegenstand aus Gold ist aus einer Goldlegierung 750/1000 hergestellt und wiegt 22.4 Gramm.

$$22.4 \times 0.750 = 16.80;$$

in 22.4 g der Goldlegierung mit einem Feingehalt 750/1000 sind 16.8 g gediegenes Gold enthalten.

Ein anderes Beispiel für Platin: Ein aus Platinlegierung erzeugter Gegenstand mit dem Feingehalt 950/1000 wiegt 11.2 g:

$$11.2 \times 0.950 = 10.64;$$

in 11.2 g der Platinlegierung mit dem Feingehalt 950/1000 sind 10.64 g gediegenes Platin enthalten.

VERZEICHNIS DER BEZEICHNUNGEN FÜR GOLD- UND PLATIN- LEGIERUNGEN SOWIE DEREN IMITATIONEN

ALUMINIUMBRONZE – Legierung von 90 Teilen Kupfer und 10 Teilen Aluminium. Ein goldgelbes, schmiede- und gußfähiges Metall. Siehe Auphir.
AMERIKANISCHES DUBLEE – ein sehr dünn vergoldetes Grundmetall, meist Tombak.
AUPHIR (Aural, Auphor) – englische Handelsbezeichnung für eine Kupfer-Aluminium-Legierung; sie enthält 7—10 % Aluminium. Siehe Aluminiumbronze.

BATHBRONZE – Bronze mit ca. 6 % Zinn; für den Guß kleiner kunstgewerblicher Gegenstände. Eine für Vergoldung geeignete Legierung.
BATHMETALL – stark mit Zink (um 45 %) legiertes Messing; in England für die Herstellung von Tafelgeschirr beliebt.
BELGICA – eine die Farbe von Platin nachahmende Legierung; sie ist in der Regel aus 74.5 % Eisen, 15.6 % Chrom und 8.3 % Nickel zusammengesetzt.
BLATTGOLD – zwischen Pergamentblättern und dann zwischen der äußeren dünnen Haut des Rinderblinddarms (Goldschlägerhaut) in hauchdünnes Blech (bis 1/8000) ausgeschlagenes Gold. Es wird für die Vergoldung von Gegenständen aus Metall und Holz, als Goldplatte für Tafelbilder, für den Buchschnitt usw. verwendet und in verschiedenen Farben – gelb, orange, zitronenfarben, grün – hergestellt. Sogenanntes „Metallgold" ist ein Ersatz für echtes Blattgold aus einer Silber-Kupfer-Legierung. Bei sog. „Zwischengold" ist die Innenseite aus Silber.

CHRYSOKALK – eine weiche, goldfarbene Kupferlegierung (auch Goldbronze genannt) für künstlerische Arbeiten und

Zierstücke, die häufig vergoldet waren. Seine Zusammensetzung ist unterschiedlich. Der feinste französische Chrysokalk für Medaillen, Münzen u.ä. enthält 95—98 % Kupfer und 2—5 % Zinn. Die übrigen Arten sind Legierungen von 90.5 % Kupfer, 6.5 % Zinn und 3 % Zink oder 90.5 % Kupfer, 8 % Zink und 1.5 % Blei.
CHRYSORIN – siehe Hamiltonmetall

DOUBLÉ (DUBLEE) – vergoldetes Material, dessen Kern eine Kupferlegierung mit einem Goldüberzug von wenigstens 8 Mikron (1 Mikron = 1/1000 mm) bildet. Die Goldschicht wird aufgewalzt und verschweißt.
DUKATENGOLD – Gold mit dem Feingehalt 980—986/1000. Die Bezeichnung stammt von den „Dukaten" genannten Goldmünzen.
DURANAMETALL – deutsche Bezeichnung für eine Kupfer-Zink-Aluminium-Legierung, die eine schöne goldbronzene Färbung hat.

ELEKTRON – eine natürliche Legierung von Gold und Silber, von sehr unterschiedlicher Zusammensetzung (manchmal bis 39 % Silber). Wurde bereits im Altertum aus 4/5 bis 3/4 Gold und 1/5 bis 1/4 Silber hergestellt. Die ältesten antiken Münzen wurden aus Elektron geschlagen.
ENGLISCHES GOLD – siehe Pinchbecksche Legierung

FEDERGOLD – deutsche Bezeichnung für Gold mit dem Feingehalt 667/1000 (667/1000 Gold, 83/1000 Silber, 250/1000 Kupfer).
FILLED GOLD – englische Bezeichnung für die beiderseitige Vergoldung des Metallkerns (vorwiegend Tombak) auf mechanischem Weg, d.h. auf den nicht goldhaltigen Kern aufgewalztes Gold.
FRANZÖSICHES GOLD – siehe Oreide

GOLDBRONZE – siehe Chrysokalk
GOLD CASED – englische Bezeichnung für Gegenstände aus Silber, die im elektrolytischen Verfahren vergoldet wurden. Nach einer Empfehlung des Internationalen Kongresses der Goldschmiede in Paris wird diese Bezeichnung seit 1937 im Handelsverkehr nicht mehr verwendet.
GOLDIN – im Handelsverkehr verwendete deutsche Bezeich-

nung für eine Kupfer-Aluminium-Legierung, die zur Erzeugung billiger Schmucksachen benutzt wird. Siehe Auphir und Aluminiumbronze.
GRANATENGOLD – eine Goldlegierung mit dem Feingehalt 250/1000. Diese Legierung wurde in der 2. Hälfte des 19. Jahrhunderts zur Erzeugung von Schmuckstücken mit böhmischen Granaten verwendet.

HALBGOLD – deutsche Bezeichnung für goldfarbenes Messing; dieses wurde in der Regel vergoldet. Als Zusammensetzung werden 83.7 % Kupfer, 9.3 % Zink und 7 % Zinn angegeben.
HAMILTONMETALL (auch Chrysorin) – eine Legierung von 66.7 % Kupfer und 33.3 % Zink; sie ist goldgelb gefärbt, hat eine feinkörnige Struktur und eignet sich sehr gut für die Vergoldung von Gegenständen.
HERAGOLD – deutsche Handelsbezeichnung für 8—10karätige, fabrikmäßig hergestellte Gold-Legierungen.

JOUJOUGOLD – eine Goldlegierung mit dem Feingehalt 250/1000.

KRONENGOLD – deutsche Bezeichnung für Gold mit dem Feingehalt 750/1000.

MANNHEIMER GOLD – eine Legierung aus 83.7 % Kupfer, 9.3 % Zink und 7 % Zinn, die wie Gold gefärbt ist. Die aus dieser Legierung hergestellten Gegenstände werden in der Regel vergoldet.
METALLGOLD – deutsche Bezeichnung für den Ersatz von echtem Blattgold (siehe dieses).
MONEL METAL – englische Bezeichnung für eine Legierung aus 67 % Kupfer, 28 % Zink, Eisen und Mangan; sie ist für das Schlagen von Münzen, Medaillen usw. bestimmt. In den USA werden aus dieser Legierung Broschen, Armbänder, Spangen u.ä. erzeugt.
MOSAIKGOLD – eine Legierung aus 66 % Kupfer und 34 % Zink, mit der Tönung gediegenen Goldes.
MUSIVGOLD – blättchenförmige, goldglänzende Kristalle von Zinndisulfid (SnS_2). Wird als Goldbronze für manche Vergoldungsarbeiten verwendet. Es hat den Vorteil, daß es weder von Schwefel noch von Schwefelwasserstoff angegriffen

und auch nicht (wie metallisches Bronzepulver) schwarz wird.

NEUGOLD

1. Eine goldgelbe Legierung aus 83 % Kupfer und 17 % Zink, insbesondere für die Erzeugung von Bijouteriewaren geeignet.
2. Alle Goldlegierungen mit einem Feingehalt von unter 250/1000 in der österreichisch-ungarischen Monarchie und der Tschechoslowakei. Diese Legierung wurde in der 2. Hälfte des 19. Jahrhunderts überwiegend zur Herstellung von Schmucksachen mit böhmischen Granaten benutzt.

OREIDE – eine goldfarbene Legierung für den Guß von kunstgewerblichen und Ziergegenständen. Die Zusammensetzung der Legierung ist variabel, z.B. 80 % Kupfer, 15 % Zink, 5 % Zinn oder 86.21 % Kupfer, 31.52 % Zink, 0.48 % Zinn und 0.24 % Eisen.
OROTON – Handelsbezeichnung für eine dem Tombak ähnliche Legierung (siehe Tombak).

PALACART – eine die Farbe von Platin nachahmende Legierung, deren Zusammensetzung mit 78 % Palladium, 15 % Gold und 7 % Silber angegeben wird.
PALAU – Nordamerikanische Handelsbezeichnung für Weißgold (Legierung von Gold und Palladium im Verhältnis 8 : 2).
PINCHBECKSCHE LEGIERUNG – hat meist die Zusammensetzung wie Tombak mit 83—93 % Kupfer. Wird zur Herstellung wohlfeiler Zierstücke, von Bijouteriewaren, Zierbeschlägen u.ä. verwendet. Diese Legierung wurde vom berühmten Londoner Uhrmacher Christopher Pinchbeck (1670—1732) erfunden.
PINK GOLD – englische Bezeichnung für eine sehr blasse Tönung von rotem Gold.
PISTOLENGOLD – deutsche Bezeichnung für eine Goldlegierung mit einem Feingehalt um 895/1000, von der spanischen, „Pistole“ genannten Goldmünze abgeleitet (Spanischer Doppelescudo – von Philipp II. – 1555—1598 – eingeführt). Im 18. und 19. Jahrhundert in Deutschland für goldene Fünftalermünzen gebräuchlich.
PLATININE – eine Legierung von 33 % Silber und 67 % Platin.

PLATINOR – eine Legierung von 57 % Kupfer, 18 % Platin, 10 % Silber, 9 % Nickel und 6 % Zink; sie zeichnet sich durch eine schöne Goldfarbe aus und wird daher für die Erzeugung von Schmucksachen verwendet.
PLATINBRONZE – eine Nickel-Zinn-Legierung mit einem geringen Platinzusatz; sie läßt sich hervorragend polieren und der Glanz bleibt auch in ungünstiger Umgebung verhältnismäßig lang erhalten. Sie wird z.B. in der Zusammensetzung 90 % Nickel, 9 % Zinn und 1 % Platin für die Erzeugung von Eßbestecken benutzt. Für Luxusgegenstände wird die Zusammensetzung 81.5 % Nickel, 16 % Zinn, 0.8 % Platin und 1.7 % Silber verwendet.
POLYXEN – Bezeichnung für natürliches Platin, das mit anderen Metallen vermischt ist; manchmal wird auch sog. Platinerz, d.h. in der Natur vorkommendes Platingeröll fälschlich so bezeichnet.
POTIN – eine selten verwendete Bezeichnung für Messing mit einem geringen Zusatz von Blei und Zinn.

RAUSCHGOLD – deutsche Bezeichnung für Material, das zur Erzeugung von Theaterschmuckstücken und Flitter benutzt wird; es handelt sich um sehr dünnes Messingblech.
ROLLED GOLD – englische Bezeichnung für die mechanische Vergoldung eines Metallkerns – meist von Tombak – auf nur einer Seite. Das Gold wird erhitzt und dem Kern aufgewalzt.
ROSE GOLD – englische Bezeichnung für eine fahle Tönung von rotem Gold.

SEMILOR (Similor) – eine Legierung mit goldähnlicher Färbung, meist vergoldet; in der Regel aus 83.7 % Kupfer, 9.3 % Zink und 7 % Zinn bestehend.
SPIAUTER (Spiauta) – eine stark zinnhaltige Legierung für Ziergegenstände, meist aus 90 % Zinn, 8 % Blei und 2 % Kupfer zusammengesetzt. Die aus dieser Legierung hergestellten Gegenstände sind in der Regel vergoldet oder braunpatiniert verkupfert, so daß sie mit Gold oder Bronze verwechselt werden können.
STELLITE – eine Chrom-Kobalt-Legierung; sie ahmt die Farbe von Platin nach.
STERROMETALL – eine im erhitzten Zustand schmiedbare, sehr feste und biegsame Messinglegierung; sie ist unterschiedlich zusammengesetzt, z.B. für österreichische Erzeugnisse

aus 55.33 % Kupfer, 41.80 % Zink, 4.66 % Eisen, für britische Erzeugnisse aus 60 % Kupfer, 38.1 % Zink und 1.5 % Eisen.

TALMI (GOLD) – es handelt sich vorwiegend um Ziergegenstände aus Tombak, die im Feuer oder mit Blattgold vergoldet sind.
TOMBAK – eine Kupfer-Zink-Legierung unterschiedlicher Zusammensetzung, meist 90 % Kupfer und 10 % Zink oder 85 % Kupfer und 15 % Zink bzw. 80 % Kupfer und 20 % Zink. Die Zusammensetzung hängt von der Verwendungsweise ab. Die Legierung hat eine schöne Goldfarbe und der hohe Kupfergehalt macht sie äußerst korrosionsbeständig.

VERMEIL – französische Bezeichnung für im Feuer vergoldetes Silber (zum Unterschied von der galvanischen Vergoldung)

ZWISCHENGOLD – deutsche Bezeichnung für eine Blattgoldart (siehe dieses).

DIE WICHTIGSTEN ARTEN DER TECHNISCHEN BEARBEITUNG VON GOLD

ZISELIEREN – bedeutet im Goldschmiedehandwerk das plastische Treiben der Oberfläche eines Erzeugnisses. Die wichtigsten Werkzeuge für diese Arbeit sind die entweder aus Stahl (für feine und kleine Flächen) oder aus Holz – am besten Buchs – (für größere Flächen) verfertigten sog. Punzen. Mit sanften Schlägen auf die Punzen werden die Unebenheiten der Oberfläche geglättet, gegebenenfalls wird die vorher getriebene Verzierung zu Ende modelliert. Diese Art weicht vom Punzieren ab (siehe dieses). Ziselieren von aus Metall gegossenen Gegenständen bedeutet die abschließende Behandlung der Oberfläche mit diesem Zweck besonders angepaßten Meißeln, Sticheln und Feilen.

FILIGRAN – eine der Ziertechniken, die dünne, zu Ornamenten geflochtene Gold- oder Silberdrähte verwendet; das Ornament ist an mehreren Stellen oder ganz an die Grundplatte gelötet. Der Draht kann glatt, gedreht oder geflochten sein und wird häufig zusätzlich mit Metallkörnchen verziert (Granulation). Diese Technik ist sehr alt und war bereits um das Jahr 2000 v.u.Z. bekannt (Troja, mykenische Kultur). Filigran ohne Grundplatte, aus dem verschiedene kleine Gegenstände wie Knöpfe, Spangen, Armbänder, Dosen, Kästchen u.ä. hergestellt wurden, war insbesondere in der Volkskunst sehr beliebt.

GUILLOCHIEREN (aus dem französischen guillocher) bedeutet in der Goldschmiedekunst die Verzierung der Oberfläche eines Gegenstandes (vor allem von Uhrendeckeln, Zigarettenetuis, Puderdosen, Knöpfen u.ä.) durch Gravierungen mit verschieden kombinierten Linien, Wellen-, Kreislinien usw.

Die genaue und gleichmäßige Verteilung der Verzierungen auf die Fläche wird entweder mit einer Drehbank oder (bei komplizierteren Mustern) mit einer Spezialmaschine durch einen nach einer Schablone eingestellten Stichel ausgeführt. Die Entstehung und der Ursprung dieser Technik, die auch bei der Verzierung von Gegenständen aus anderen Metallen und anderen Materialien (z. B. Holz, Elfenbein usw.) verwendet wird, sind nicht genau bekannt. Nach ihrer Bezeichnung vermuten manche, daß sie im 17. Jahrhundert vom Franzosen Guillot erfunden wurde, andere halten in diesem Zusammenhang den Deutschen Jakob Hepner (+1645) für den Erfinder.

GRANULIEREN (vom lateinischen „granulum" – Körnchen) ist eine subtile Technik, bei der die Grundplatte eines Gegenstandes mit aufgeschweißten Gold- oder Silberkügelchen verziert wird. Die Anwendung dieser Technik erfordert vom Goldschmied eine außerordentliche technische und handwerkliche Qualifikation. Die Eigenart dieser Arbeiten besteht darin, daß Gold- oder Silberblech in der erforderlichen Größe zugeschnitten und dann in einem mit feinem Holzkohlenpulver gefüllten Tiegel geschmolzen wird. Der Kohlenstaub verhindert die Verbindung der geschmolzenen Kügelchen. Die Körnchen bleiben bis zur Abkühlung im Tiegel und werden dann auf der Grundplatte geschweißt. Die Etrusker (10.—3. Jahrhundert v.u.Z.) waren wahre Meister auf diesem Gebiet. Im europäischen Kunstgewerbe spielte die Granulation nach der Antike nur eine untergeordnete Rolle und geriet einige Jahrhunderte lang sogar ganz in Vergessenheit. Im 18. Jahrhundert war nicht einmal ihre Bezeichnung bekannt. Erst im Jahre 1862 publizierte der italienische Goldschmied Augusto Castellani die Ergebnisse seiner Versuche, die zur Wiederentdeckung dieser Technik führten.

INKRUSTATION – bedeutet im erweiterten Sinne des Wortes die Verzierung eines Gegenstandes mit einer andersfarbigen Masse in eine ausgehöhlte Oberfläche, d.h. Einlegearbeit. Nach den einzelnen Arten des verwendeten Materials entstanden auch unterschiedliche Fachbezeichnungen. Bei verschiedenfarbigem Holz werden die Einlegearbeiten Intarsia oder auch Marketerien genannt. In der Goldschmiedekunst sind die Einlegearbeiten von Metall in ein anderes Metall, das Tauschieren (siehe dieses), sowie das Niello (siehe dieses), d. h. Einlegearbeiten von Metall in eine spezielle Masse, von Bedeutung.

ÄTZEN – bei diesem Vorgang wird die Oberfläche von Metallen durch die Einwirkung chemischer Mittel aufgelöst. Im Goldschmiedehandwerk werden Königswasser für Gold und Salpetersäure für Silber verwendet. Auf die von Fettstoffen gereinigte Oberfläche eines Gegenstandes wird eine Deckschicht (z.B. eine Mischung aus feinem Asphalt mit gelbem Bienenwachs im Verhältnis 1 : 1) aufgetragen, in die mit einer Nadel die Vorlage – ein Ornament, eine Inschrift u.ä. – bis zum reinen Metall eingeritzt wird. Bei der Auflösung bilden sich Bläschen, die mit einer Feder entfernt werden. Die Deckschicht wird dann mit Terpentin beseitigt.

NIELLO (vom lateinischen nigellus – schwärzlich) – ist eine Verzierungstechnik für Gegenstände aus Gold oder Silber und war schon sowohl in Ägypten im 16. Jahrhundert v.u.Z. als auch in Mykene bekannt. Es handelt sich um die Wirkung des Farbkontrastes zwischen dem Metallgrund und der mit einer Spezialmasse ausgefüllten Verzierung. Bei der Nielloverzierung verfährt ein Goldschmied folgendermaßen: Zuerst ritzt oder ätzt er auf der Oberfläche das Muster ein und füllt es dann mit der vorbereiteten Spezialmasse aus Silber, Kupfer, Blei, Schwefel und Borax aus. Die Zusammensetzung beträgt in der Regel 1 Teil gediegenes Silber, 2 Teile Kupfer, 3 Teile Blei und 9 Teile Schwefel, während Borax die Funktion des Bindemittels hat. Selbstverständlich gibt es noch viele anders zusammengesetzte Massen, denn ihre Schwärze, Farbe, Schmelzbarkeit sowie Härte können durch das wechselseitige Verhältnis zwischen den einzelnen Bestandteilen, insbesondere denen aus Metall, entsprechend abgestuft werden. Ein höherer Silbergehalt verleiht der Masse eine hellere Tönung. Die Masse wird über dem Feuer oder im Schmelzofen eingeschmolzen und der Gegenstand langsam abgekühlt. Schließlich erfolgt die Feinbehandlung, d.h. die Oberfläche wird überschliffen (in der Regel mit Bimsstein), damit sich das Muster von der Oberfläche des glänzenden Metalls deutlich abhebt. Diese Technik war in der Antike sehr beliebt und überdauerte auch die stürmische Epoche der Völkerwanderung. Im 16. Jahrhundert erlebte sie – insbesondere bei den Arbeiten der italienischen Goldschmiede –

eine neue Blüte. Sehr häufig wird Niello mit dem Tauschieren verschiedenfarbigen Goldes verbunden. Im Mittelalter fand Niello auch in die Volkskunst Eingang und diente zur Verzierung von Gegenständen des täglichen Gebrauchs. Vom 16. Jahrhundert an geriet diese Technik in Vergessenheit und erlebte erst im 19. Jahrhundert in Rußland ihre Wiedergeburt. Unter der Bezeichnung „Tulaarbeiten" (nach der russischen Stadt Tula) gelangten Gegenstände mit Niellodekor in der 2. Hälfte des 19. Jahrhunderts auf mehrere Weltausstellungen.

GUSS – wird der technologische Prozeß bezeichnet, mit dem der Abguß eines Gegenstandes (Modells) hergestellt wird, im Goldschmiedehandwerk Abgüsse aus Edelmetallen; hier handelt es sich meist um die Fertigung kleiner Gegenstände bzw. ihrer Bestandteile, z.B. Henkel von Gefäßen, Knäufe, ornamentale Reliefs und Friese, Beschläge sowie kleinere figurale Arbeiten. Im Goldschmiedehandwerk werden zwei Gußarten angewendet:

1. Beim Guß einer größeren Anzahl von Stücken (z.B. von Spangen, Schnallen, sich wiederholenden Verzierungen, Füßen von Gefäßen u.ä.) werden Sandformen benutzt. Zuerst muß aus Blei, Holz, Stein usw. ein Modell verfertigt werden, von dem in den in einem Rahmen festgestampften Formsand ein Abdruck gemacht wird, der dann mit dem geschmolzenen Metall ausgegossen wird.

2. Das sog. „Gießen in die verlorene Form" war für plastische Arbeiten bestimmt. Es handelt sich um einen aus Ton verfertigten Kern, auf den der abzugießende Gegenstand aus Wachs modelliert war, d.h. eigentlich das Originalmodell. Die Wachsschicht war mit einer Tonschicht überzogen und die derart hergestellte Form wurde an der Luft getrocknet. Dann wurde die Form im Ofen gebrannt, wobei das Wachs ausfloß und einen Hohlraum hinterließ, der vom Goldschmied mit geschmolzenem Metall ausgegossen wurde. Das Gußstück konnte selbstverständlich erst nach Zertrümmerung der Form herausgeschält werden (daraus wurde auch die eingangs angeführte Bezeichnung abgeleitet).

Die Gußtechnik spielt zwar keine so wichtige Rolle wie die Treibtechnik. Wir führen sie dennoch an, weil sie zu den ältesten Arten der in Goldschmiedewerkstätten angewandten Techniken zählt.

PUNZIEREN – eine Technik, bei der die Oberfläche eines Gegenstandes mit Punzen (italienisch „punzone" – Prägestempel) verziert wird. Dabei handelt es sich überwiegend um vierkantige Stahlstäbchen (Stempel) mit speziell geformtem Ende oder einer eingeritzten, meist ornamentalen Vorlage. Der Goldschmied kann mit diesen Stempeln verschiedene Ziermotive in die Metallfläche treiben, freie Felder ausfüllen, das Reliefdekor vervollständigen u.a.m. Mancherorts bedeutet der Ausdruck punzieren das Schlagen von Zunft-, städtischen oder staatlichen Kontrollmarken (Punzen) auf Gegenstände aus Edelmetallen.

GRAVIEREN – (französisch „graver" – einschneiden, einritzen, eingraben) die Verzierung der Oberfläche von Gegenständen aus Metall (aber auch aus Glas oder Stein) mit eingeritzen Ornamenten, figuralen Motiven u.ä. Diese Technik gehört ebenfalls zu den ältesten Verzierungsarten von Edelmetallen. Ein Goldschmied, der für diese Arbeit verschiedene stählerne Grabstichel benötigt, muß nicht nur ein besonders hochqualifizierter Handwerker sein, sondern auch über zeichnerisches Talent verfügen. Es wird angenommen, daß sich um die Mitte des 15. Jahrhunderts aus dieser Technik der Goldschmiedekunst der Kupferstich als eigenständige Kunstgattung entwickelt hat. Es gibt zwei Arten des Gravierens:

1. Die Flachgravierung wird mit verschieden geformten Sticheln ausgeführt, damit der Graveur unterschiedlich profilierte Rillen ausheben kann und dadurch auf der polierten Fläche eine größere Kontrastwirkung zwischen Licht und Schatten erzielt.

2. Relief- oder Stahlgravierung bedeutet eigentlich die Herstellung von Stempeln für die Graveure, im Goldschmiedehandwerk von Stempeln für Ornamente auf Gegenständen aus Gold, von denen eine größere Serie erzeugt werden soll. Früher wurden auf diese Art auch Siegel hergestellt.
Heute wird diese Arbeit durch Reduktionsmaschinen geleistet, die nach einem großen Modell den Prägestock in der erforderlichen Größe selbsttätig gravieren.

EMAIL – diese Technik schöpft aus der breiten Farbenskala von Glas, um Gegenstände aus Gold, Silber und später auch aus Kupfer zu verzieren. Die Grundlage von Email bildet eine Glasmasse, die durch Zusatz verschiedener Metalloxyde gefärbt wird. Bei dieser Technik wird die Erfahrung verwertet, daß die Schmelzwerte der Metalle und der Glasmasse verschieden sind. Die Glasmasse schmilzt um 800 °C, während Metall in dieser Temperatur unverändert bleibt. Emailarbeiten wurden bereits von den altägyptischen Goldschmieden ausgeführt; auch antike europäische Kulturen (z. B. die keltische aus dem 1.—3. Jahrhundert u.Z.) beherrschten diese Technik.
Nachfolgend führen wir die verschiedenen Typen der Emailtechnik an:

ZELLENSCHMELZ – französisch émail cloisonné. Nach einem vorbereiteten Muster lötet der Goldschmied auf eine Grundplatte kleine Zellen aus Goldplättchen oder Golddrähten und füllt sie dann mit dem vorher im Schmelzofen eingeschmolzen Glasfluß. Dieser Vorgang wird so lang wiederholt, bis die Zellen bis zum Rand mit der Glasmasse gefüllt sind und eine einzige Ebene bilden. Nachher wird die Oberfläche geschliffen und poliert. Dadurch treten die einzelnen Teile des Ziermotivs äußerst wirkungsvoll aus der Goldumrandung hervor. Die Blütezeit dieser Technik fiel in die Zeit des Oströmischen (Byzantinischen) Reiches insbesondere ins 10. und 11. Jahrhundert u.Z. Dieser Zweig der Goldschmiedekunst wurde im 12. Jahrhundert von Westeuropa übernommen.

GRUBENSCHMELZ – französisch émail champlevé. Dieses Email muß keine Grundplatte aus Edelmetall haben; aus technischen Gründen ist Kupferblech vorteilhafter. Hier läuft der Vorgang umgekehrt ab. Die Zellen für das Email werden nicht auf die Grundplatte gelötet, sondern auf dieser werden – wieder nach einem vorbereiteten Muster – mit Sticheln, Prägestempeln oder anderen geeigneten Werkzeugen Gravierungen oder Gruben ausgehoben. Die Grundplatte muß selbstverständlich dicker sein, damit die Gruben genügend tief für die Aufnahme des Emails sind. Nach der Ausfüllung der Gravierungen und Gruben mit Glasflüssen der gewünschten Farben wird der Gegenstand in den Schmelzofen gebracht, wo das Email schmilzt und der Grundplatte fest

anhaftet. Bei dieser Technik wird undurchsichtiges Email verwendet, um die dunkle Kupferfarbe zu verdecken. Anschließend wird das Email poliert und die verbleibenden freien Flächen der Grundplatte werden vergoldet. Dieses Email bietet dem Goldschmied einen viel breiteren Spielraum für die freie Entfaltung seiner künstlerischen Phantasie als dies beim Zellenschmelz möglich ist, denn das Email läßt sich besser einschmelzen und die fehlenden Zellen eröffnen breitere Möglichkeiten für die Kombination der einzelnen Farben und der Abstufung ihrer Tönung.
Der Grubenschmelz ist ein Erbe aus der spätrömischen Zeit, er überdauerte die stürmische Epoche der Völkerwanderung und erlebte im 12. Jahrhundert eine neue Hochblüte.

SILBERSCHMELZ (Tiefschnittschmelz) – französisch émail en creux. Bei dieser Technik wurden auf Silberplättchen Reliefs getrieben oder geschnitten und dann mit einer hellen durchsichtigen Emailmasse ausgegossen. In den tieferen Teilen des Reliefs erschien das Email dunkler als in den oberen (helleren). Dadurch wurden interessante Lichteffekte erzielt. Das technische Problem bestand im Zusammenhalt der Grundplatte mit dem Email, das insbesondere auf größeren Flächen leicht springt. Ursprünglich wurde für die Grundplatte nur Silber verwendet und erst später auch Gold, vor allem bei der Verzierung von Schmuckstücken, Dosen u.ä. Diese Emailart war im 15. und 16. Jahrhundert beliebt.

MALEREMAIL – französisch émail des peintres – stellt eigentlich den Höhepunkt des Grubenschmelzes dar und ist mit der Goldschmiedekunst nur durch die Ausgangstechnik verbunden. Das Material (in der Regel Kupfer) erfüllt nur die Funktion einer Unterlage für das Maleremail, ähnlich wie die Leinwand bei der Ölmalerei. Der ganze Gegenstand wurde innen und außen mit einer zusammenhängenden Schmelzschicht überzogen, wobei überwiegend undurchsichtiger Glasfluß verwendet wurde; wenn dieser an manchen Stellen transluzid (durchsichtig) war, wurden diese mit Gold- oder Silberfolien unterlegt. Diese Technik wurde am Ende des 15. Jahrhunderts in der südfranzösischen Stadt Limoges besonders gepflegt und erreichte im 16. Jahrhundert ihren Höhepunkt. Sie wurde selbstverständlich in vielen Ländern nachgeahmt, insbesondere in Deutschland und Italien.

FILIGRANEMAIL (Drahtemail) – eine besondere Art des Zellenschmelzes, die zum erstenmal in der Mitte des 15. Jahrhunderts in Ungarn angewandt wurde. Hier bildet ein auf die Grundplatte angelöteter Draht die Abgrenzung der Emailfelder. Als Dekor herrschten Ranken und Blumen vor, die beliebtesten Farben des Emails waren weiß, blau, grün und rot. Filigranemail wurde nur in Ungarn hergestellt und wird daher häufig als Ungarisches Email bezeichnet. Allerdings wird bezweifelt, daß diese Emailart tatsächlich in Ungarn entstanden ist und darauf hingewiesen, daß norditalienische Arbeiten (z.B. aus Siena) mit einer sehr ähnlichen Technik verziert waren.

EMAILPLASTIK – (Körperemail) französisch émail en ronde base. Bei dieser Art wurde in der Regel eine aus Gold gegossene oder getriebene Statuette mit farbigem Email überzogen, doch wurden auch rein ornamentale Gegenstände auf diese Weise verziert. Zu diesem Zweck wurden sowohl transluzides als auch opakes (undurchsichtiges) Email benutzt.

KALTES EMAIL ist ein Ersatz für echtes Email. Gegen Ende des 19. Jahrhunderts wurden (vor allem in Wien und Paris) aus Kupferblech oder Tombak verfertigte und mit farbigen Lacken verzierte Gegenstände hergestellt. Die nicht lackierten Flächen wurden hochglanzpoliert oder vergoldet. Dieses sog. Kalte Email wird bis heute verwendet u.zw. sowohl zur Herstellung neuer Gegenstände als auch für die Reparatur älterer Teile.

TAUSCHIEREN – es handelt sich um die Technik der eingelegten Metallarbeiten, d.h. eines Metalls in ein andersfarbiges, am häufigsten Gold in Silber oder Gold und Silber in Bronze und Eisen. In die Grundfläche werden mit einem Grabstichel keilförmige, nach unten erweiterte Schnittrinnen eingraviert; in diese wird der goldene oder silberne Zierdraht gelegt und mit einem Hammer oder Punzen eingeschlagen, bis er fest in der Vertiefung sitzt. Die Oberfläche wird dann geschliffen und geglänzt. Diese Technik wurde im 16. Jahrhundert sehr häufig zur Verzierung von Waffen und Rüstungen angewandt.

TREIBARBEIT – diese Art stellt die grundlegende Technik des Goldschmiedehandwerks dar, bei der aus Gold- oder Silberblech die Grundformen eines Gegenstands sowie dessen Dekor herausgearbeitet werden. Die wichtigsten Werkzeuge sind Amboß und Hammer sowie verschieden geformte Punzen. Für größere Gegenstände benutzt der Goldschmied eine elastische, lederne, mit Sand ausgefüllte Unterlage, für kleinere Arbeiten (z.B. für Schmuck) eine gußeiserne, mit einem Lederkranz versehene und dadurch drehbare Halbkugel; auf dieser wird der Gegenstand mit Spezialkitt befestigt. Der Kitt muß so elastisch sein, daß er der Form des getriebenen Gegenstandes folgt. Auf diese Art wurden im 18. Jahrhundert auch größere Arbeiten (z.B. Plastiken) ausgeführt, deren einzelne Teile dann durch Nieten miteinander verbunden wurden.
Treiben der Metalle ist eine uralte Technik, die fast gleichzeitig mit der Kenntnis der Metallbearbeitung aufkam. Obwohl sie auch bei anderen Metallen benutzt wird, war und ist sie am engsten mit der Geschichte des Goldschmiedehandwerks verbunden. Die einzelnen, seit Jahrhunderten unverändert gebliebenen Arbeitsvorgänge wurden von Benvenuto Cellini in seinem 1568 in Florenz erschienenen Werk „Trattato dell'oreficeria" beschrieben.

TOREUTIK – (aus griechisch toreuein – treiben) ist die umfassende Bezeichnung für alle Arten der Kunst, weiche Metalle zu bearbeiten (vor allem durch Treiben, Ziselieren, Punzieren usf.). Die aus der Antike stammenden Erzeugnisse der Toreutik sind aus Gold, Silber, und Bronze, selten aus Elektron.

VERGOLDEN – gehört zu den grundlegenden Arbeiten des Goldschmiedehandwerks. Die Vergoldung von Silber, Kupfer und Bronze ist bereits aus der Zeit des antiken Roms bekannt. Heute gibt es folgende Arten der Vergoldung:

1. durch Feuer
2. durch Auftragen (Anreiben)
3. durch Reduktion ohne Verwendung von Elektrizität
4. durch Plattieren
5. durch Galvanotechnik

FEUERVERGOLDUNG – die älteste, allgemein bis ins 19. Jahrhundert verwendete Technik. Der wichtigste Grundstoff für die Feuervergoldung ist Amalgam, eine weiche Gold-Quecksilber-Legierung. Amalgam wurde aus zu kleinen Plättchen gehämmertem Gold vorbereitet, die sich beim Erhitzen mit Quecksilber legierten und eine teigige bis breiige Masse bildeten. Diese wurde dann gleichmäßig auf die Oberfläche des vorbereiteten und gründlich gereinigten Gegenstandes gestrichen. Nachher wurde das Stück über dem Feuer erhitzt, so daß das Quecksilber verdampfte. Der Vorgang wurde an besonders exponierten Stellen zwei- bis dreimal wiederholt, wodurch der Goldüberzug dauerhafter gemacht wurde. Diese Technik ist jedoch wegen der Quecksilberdämpfe gesundheitsschädigend und ist heute allgemein durch die galvanische Methode ersetzt worden.

VERGOLDEN DURCH AUFTRAGEN – wird auf kaltem Weg durch Auftragen eines Pulvers oder einer Lösung ausgeführt; bei beiden Arten wird zur Vorbereitung der Masse Goldchlorid ($AuCl_3$) benutzt. Das Pulver wird mit einem essiggetränkten Korken auf den Gegenstand gerieben, die Lösung aufgetragen, dann wird das Stück mit warmem Wasser abgespült und mit Feuerstahl poliert. Diese Art der Vergoldung ist selbstverständlich nicht so widerstandsfähig wie die Feuervergoldung.

VERGOLDEN DURCH REDUKTION (Tauchvergoldung) ohne Verwendung von Elektrizität erfolgt durch Eintauchen eines Gegenstandes in eine geeignete erhitzte Lösung von Metallsalzen. Die Vergoldungsschicht ist allerdings sehr dünn; eine etwas dichtere und dickere Schicht kann durch die sog. Kontaktvergoldung erziel twerden, bei der das ins Bad einer Goldauflösung eingetauchte Stück mit einem dünnen Aluminiumdraht oder einem schmalen Streifen aus Zinkblech umwickelt wird.

VERGOLDEN DURCH PLATTIEREN – ist die mechanische Anbringung einer dünnen Goldschicht auf geeigneten unedlen Metallen oder deren Legierungen. Auf die Grundplatte wird ein dünnes Goldblech gelegt und über deren Ränder gebogen; dann wird die Platte mit dem Gold bis zur Weißglut erhitzt und ausgewalzt. Dadurch werden beide Metalle so fest aneinandergepreßt, daß sie durch nachfolgendes Walzen gleichmäßig auseinandergezogen werden. Das Gold bildet auf der Grundplatte einen sehr dünnen Überzug, der nicht abblättert. Heute wird diese Methode nicht mehr verwendet und wurde von der Galvanotechnik abgelöst.

GALVANOTECHNIK – die Bezeichnung für die elektrotechnische Vergoldung (aber auch für die Versilberung, Verchromung, Kadmierung usw.). In die Lösung der entsprechenden Metallsalze (Bad) wird der zu überziehende Gegenstand als Kathode angeschlossen und eine Platte aus dem niederzuschlagenden Metall (Gold, Silber usw.) als Anode gehängt. Nach Einschalten des Stromes schlägt sich das Metall an der Kathode nieder. Diese Methode wurde seit den dreißiger Jahren des 19. Jahrhunderts allgemein benutzt und ihr Ergebnis war eine die Oberfläche überziehende und fest anhaftende dünne Goldschicht (0.3—0.6 mm). Seither ist die Technik weiter fortgeschritten und die modernen elektrochemischen Methoden ermöglichen den Niederschlag von mehrere Millimeter dicken Goldschichten. Außerdem können auch nicht aus Metallen bestehende Gegenstände (z.B. aus Kunststoffen) mit Metallschichten überzogen werden.

TABELLEN

UMRECHNUNGSTABELLE DER KARATE IN TAUSENDSTEL

1 Karat wird in 12 Gran eingeteilt, d.h. 24 Karate = 288 Grane = 1000/ /1000

24 Karat – 1000/1000	12 Karat – 500.000/1000
23 Karat – 958.333/1000	11 Karat – 458.630/1000
22 Karat – 916.666/1000	10 Karat – 416.667/1000
21 Karat – 874.999/1000	9 Karat – 374.999/1000
20 Karat – 833.333/1000	8 Karat – 333.333/1000
19 Karat – 791.666/1000	7 Karat – 291.666/1000
18 Karat – 750.000/1000	6 Karat – 250.000/1000
17 Karat – 707.333/1000	5 Karat – 208.333/1000

16 Karat – 666.667/1000	4 Karat – 166.667/1000
15 Karat – 624.555/1000	3 Karat – 125.000/1000
14 Karat – 583.333/1000	2 Karat – 83.333/1000
13 Karat – 541.667/1000	1 Karat – 41.666/1000

12 Grane – 41.67/1000
11 Grane – 38.19/1000
10 Grane – 34.73/1000
9 Grane – 31.25/1000
8 Grane – 27.78/1000
7 Grane – 24.31/1000
6 Grane – 20.84/1000
5 Grane – 17.36/1000
4 Grane – 13.89/1000
3 Grane – 10.42/1000
2 Grane – 6.95/1000
1 Gran – 3.47/1000

Man kann Karate in Tausendstel auch so umrechnen, daß man den Wert eines Karats in Tausendsteln mit der entsprechenden Anzahl der Karate multipliziert.

Beispiel; 18 Karate = 41.6667 × 18 = 750/1000

UMRECHNUNGSTABELLE FÜR ZWEIUNDDREISSIGSTEL KARATE IN TAUSENDSTEL

32/32 Karat – 041.667/1000	16/32 Karat – 020.833/1000
31/32 Karat – 040.365/1000	15/32 – 019.531/1000
30/32 Karat – 039.667/1000	14/32 – 018.229/1000
29/32 Karat – 037.760/1000	13/32 – 016.927/1000
28/32 Karat – 036.458/1000	12/32 – 015.625/1000
27/32 Karat – 035.156/1000	11/32 – 014.323/1000
26/32 Karat – 033.854/1000	10/32 – 013.021/1000
25/32 Karat – 032.552/1000	9/32 – 011.719/1000
24/32 Karat – 031.250/1000	8/32 – 010.417/1000
23/32 Karat – 029.948/1000	7/32 – 009.115/1000
22/32 Karat – 028.646/1000	6/32 – 007.813/1000
21/32 Karat – 027.344/1000	5/32 – 006.510/1000
20/32 Karat – 026.042/1000	4/32 – 005.208/1000
19/32 Karat – 024.740/1000	3/32 – 003.906/1000
18/32 Karat – 023.438/1000	2/32 – 002.604/1000
17/32 Karat – 022.135/1000	1/32 – 001.302/1000

URSPRÜNGLICHE GEWICHTSEINHEITEN FÜR EDELMETALLE IN GROSSBRITANNIEN

1 oz (ounce Troy) = 20 dwt (pennyweight) = .480 troy grains = 31.1035 g
1 dwt (pennyweight) = 24 troy grains = 1,55518 g
1 g = 0.032 15 oz Troy
12 oz 10 dwt = 1000/1000
1 Troy pound = 12 oz (once) Troy = 240 dwt (pennyweights)
Wenn man den Feingehalt einer Legierung in Tausendsteln feststellen will, dividiert man den in dwt (pennyweight) angegebenen Feingehalt durch 240.

Beispiel; 222 : 240 = 0.925

UMRECHNUNGSTABELLE DER RUSSISCHEN SOLOTNIKY IN KARATE UND TAUSENDSTEL

1 Solotnik – 1/4 Karat	62 Solotniky – 15½ Karat
2 Solotniky – 1/2 Karat	72 Solotniky – 18 Karat
3 Solotniky – 3/4 Karat	82 Solotniky – 20½ Karat
4 Solotniky – 1 Karat	84 Solotniky – 21 Karat
10 Solotniky – 2½ Karat	88 Solotniky – 22 Karat
20 Solotniky – 5 Karat	90 Solotniky – 22½ Karat
30 Solotniky – 7½ Karat	91 Solotniky – 22 ¾ Karat
40 Solotniky – 10 Karat	92 Solotniky – 23 Karat
50 Solotniky – 12½ Karat	94 Solotniky – 23½ Karat
56 Solotniky – 14 Karat	96 Solotniky – 24 Karat

1 Solotnik – 10.4166/1000	62 Solotniky – 645.83/1000
2 Solotniky – 20.83/1000	72 Solotniky – 750.00/1000
3 Solotniky – 31.25/1000	82 Solotniky – 854.17/1000
4 Solotniky – 41.66/1000	84 Solotniky – 875.00/1000
10 Solotniky – 104.17/1000	88 Solotniky – 916.67/1000
20 Solotniky – 208.33/1000	90 Solotniky – 937.50/1000
30 Solotniky – 312.50/1000	91 Solotniky – 947.92/1000
40 Solotniky – 416.67/1000	92 Solotniky – 958.33/1000
50 Solotniky – 520.83/1000	94 Solotniky – 979.17/1000
56 Solotniky – 583.33/1000	96 Solotniky – 1000/1000

BILDTEIL

RATSCHLÄGE
ZUM ARBEITEN MIT DIESEM BUCH

1. Suchen Sie den Stempel nach dem Inhalt der bildlichen Darstellung. Die Abbildung ist sorgfältig zu prüfen: im Zweifelsfall sind auch ähnliche Motive in Betracht zu ziehen.
2. Es ist zu beachten, daß Stempel – insbesondere solche aus älteren Zeiten – meist zahlreiche Varianten haben, die sich nur in kleinen Details voneinander unterscheiden: außerdem sind manche Stempel so abgenutzt, daß sie nur schwer identifizierbar sind. Auf vielen Stempeln sind mehrere Gegenstände oder Begriffe dargestellt: bei der Bestimmung müssen daher alle Motive genau geprüft werden.
3. Im Zweifelsfall – oder wenn jemand sich eingehender mit den Stempeln und dem System der Stempelung in einem bestimmten Land befassen will – wird das Studium des im Verzeichnis der Fachliteratur angeführten einschlägigen Werkes empfohlen.
4. Bei jedem Ort ist die im internationalen Kraftwagenverkehr übliche Bezeichnung des Staates vermerkt, auf dessen Gebiet er heute liegt. Dabei wurde nur die heutige Zugehörigkeit berücksichtigt, denn in historischen Zeiten wurden die Staatsgrenzen sehr oft korrigiert und manche Städte oder Gebiete wechselten mehrfach ihre Staatszugehörigkeit. Auch die Städtenamen wurden nach dem heutigen Stand angeführt: ihre historischen Namen sind im Register zu finden.
5. Die internationale Erforschung der Stempelung von Gold, Platin und Palladium ist bis heute nicht abgeschlossen, so daß in der gegenwärtigen Fachliteratur sowohl voneinander abweichende Abbildungen von Stempeln als auch Differenzen in den Datumsangaben vorkommen. Dem Autor dieses Buches blieb nichts andres übrig, als immer jene Quelle zu berücksichtigen, die er für die zuverlässigste hält.

VERWENDETE ABKÜRZUNGEN
FÜR DIE EINZELNEN STAATEN

A – Österreich
CS – Tschechoslowakei
D – Bundesrepublik Deutschland
E – Spanien
EIR – Republik Irland
ET – Ägypten
F – Frankreich
GB – Großbritannien
H – Ungarn
CH – Schweiz
I – Italien
IL – Israel
MA – Marokko
NL – Niederlande
P – Portugal
PL – Polen
R – Rumänien
S – Schweden
SN – Senegal
SU – UdSSR
TN – Tunesien
YU – Jugoslawien

Buchstabe „A“

1 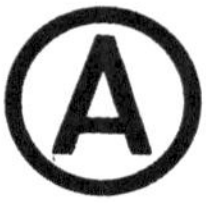

WIEN (A), 1875—1922; Stempel für Medaillen aus Edelmetallen, die im Hauptmünzamt geprägt wurden

2 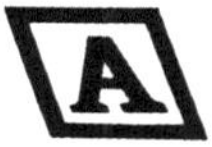

WIEN (A), 1806—1807; vor 1806 hergestellte kleine Gegenstände aus Gold; die Repunzierungsmarke bestätigt die Bezahlung einer Sondergebühr. Im Zeitraum von 1806—1824 neben dem Amtsstempel auf neuen Gegenständen.

3 

ALINGSÅS (S), ab 1860; Stempel der Prüfungsbehörde

4 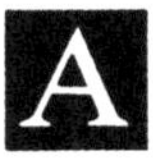

ARBOGA (S), ab 1860; Stempel der Prüfungsbehörde

5 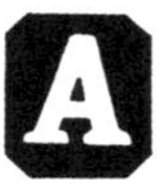

WIEN (A), 1866—1872; Amtsstempel des Hauptpunzamts; immer mit Stempelung Nr. 590—593

6 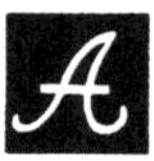

ARVIDSJAUR (S), ab 1860; Stempel der Prüfungsbehörde

7 

AVESTA (S), ab 1860; Stempel der Prüfungsbehörde

8 

ÅHUS (S), ab 1860; Stempel der Prüfungsbehörde

9 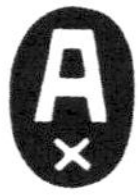

SCHWEIZ, 1917—1934; Gegenstände aus Gold mit niedrigem Feingehalt 333—583/1000; x = siehe Nr. 611

10 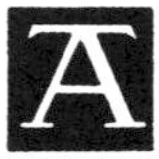

VÄSTERÅS (S), ab 1860; Stempel der Prüfungsbehörde

11 

ASKERSUND (S), ab 1860; Stempel der Prüfungsbehörde

12 

ARVIKA (S), ab 1860; Stempel der Prüfungsbehörde

13 

ÅMÅL (S), ab 1860; Stempel der Prüfungsbehörde

14 

PARIS (F), 1774—1789; charge; Gegenstände aus Gold 916/1000; Gegenstände aus Silber 958/1000

15 

PARIS (F) 1698—1703; charge; mittelgroße Gegenstände aus Gold 916/1000; mittelgroße Gegenstände aus Silber 958/1000

16 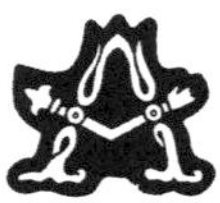

PARIS (F), 1698—1703; charge; große Gegenstände aus Gold 916/1000; große Gegenstände auş Silber 958/1000

17 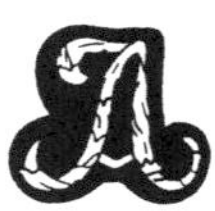

18 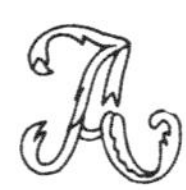

AIX (F), 1780—1791; charge; große Gegenstände aus Gold 916/1000; kleine Gegenstände aus Gold 843/1000; wahrscheinlich auch kleine Gegenstände aus Silber 958/1000

19 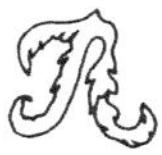

AIX (F), 1780—1789;
charge; Gegenstände aus
Gold 916/1000; kleine
Gegenstände aus Silber
843/1000

20 

PARIS (F), 1726—1732;
charge; alle Gegenstände aus
Edelmetallen

21 

PARIS (F), 1703—1713;
charge; Gegenstände aus
Gold 916/1000; mittelgroße
Gegenstände aus Silber
958/1000

22 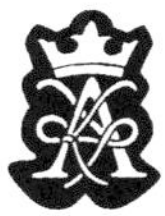

PARIS (F), 1722—1726;
charge; Gegenstände aus
Gold 916 und 843/1000;
Gegenstände aus Silber
958/1000

23 

PARIS (F), 1738—1744;
charge; Gegenstände aus
Gold 916/1000;
Gegenstände aus Silber
958/1000

24 

PARIS (F), 1756—1762;
charge; Gegenstände aus
Gold 916 und 843/1000;
Gegenstände aus Silber
958/1000

25 

PARIS (F) – généralité;
1768—1774;
charge; große und
mittelgroße Gegenstände
aus Gold 916 oder 843/1000;
große und mittlere
Gegenstände aus Silber
958/1000

26 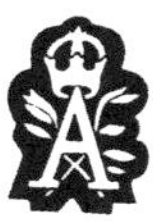

PARIS (F), 1750—1756;
charge; Gegenstände aus
Gold 916 und 843/1000;
Gegenstände aus Silber
958/1000

27 

PARIS (F), 1732—1738;
charge; Gegenstände aus
Gold 916/1000; kleine
Gegenstände aus Silber
958/1000

28	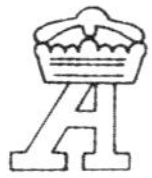	PARIS (F), 1744—1750; charge; Gegenstände aus Gold 916/1000; kleine Gegenstände aus Gold 843/1000; Gegenstände aus Silber 958/1000
29	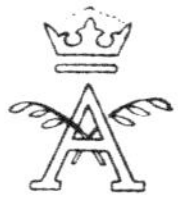	NANTES (F), 1768; charge; Gegenstände aus Gold 916/1000; Gegenstände aus Silber 958/1000
30	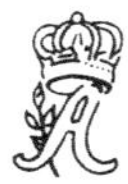	PARIS (F), 1762—1768; charge; Gegenstände aus Gold 916/1000; Silber 958/1000
31		PARIS (F), 1756—1762; décharge; Gegenstände aus Gold 916 und 843/1000; Gegenstände aus Silber 958/1000
32		PARIS (F), 1732—1738; charge; Gegenstände aus Gold 916/1000; kleine Gegenstände aus Gold 843/1000; Gegenstände aus Silber 958/1000
33		PARIS (F), 1768—1774; charge; Gegenstände aus Gold 916/1000; Gegenstände aus Silber 958/1000
34	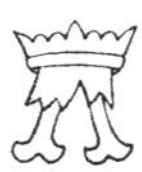	PARIS (F), 1713—1717; charge; Gegenstände aus Gold 916/1000; Gegenstände aus Silber 958/1000
35	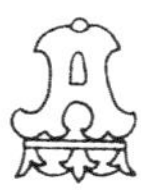	PARIS (F), 1713—1717; charge; Gegenstände aus Gold 916/1000; Gegenstände aus Silber 958/1000
36	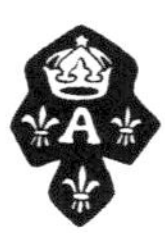	PARIS (F), 1672—1680; charge; Gegenstände aus Gold 916/1000; große Gegenstände aus Silber 958/1000

37		PARIS (F), 1687—1691; charge; große Gegenstände aus Gold 916/1000; Gegenstände a is Silber 958/1000
38		PARIS (F), 1684—1687; sog. contremarque für große Gegenstände
39		PARIS (F), 1691—1698; charge; Gegenstände aus Gold 916/1000; große Gegenstände aus Silber 958/1000
40	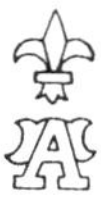	PARIS (F), 1672—1680; charge; kleine Gegenstände aus Gold 916/1000; kleine Gegenstände aus Silber 958/1000
41		PARIS (F), 1687—1691; charge; kleine Gegenstände aus Gold 916/1000; kleine Gegenstände aus Silber 958/1000
42	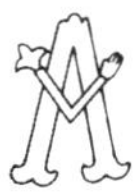	PARIS (F), 1698—1703; charge; mittelgroße Gegenstände aus Gold 916/1000; mittelgroße Gegenstände aus Silber 958/1000
43		PARIS (F), 1684—1687; charge; für Gold- und Silberbarren (?)
44	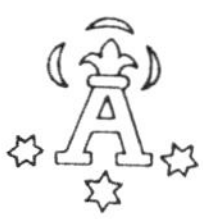	PARIS (F), 1684—1687; charge; Gegenstände aus Gold 916/1000; kleine Gegenstände aus Silber 958/1000
45	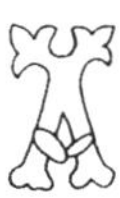	PARIS (F), 1691—1698; charge; mittelgroße Gegenstände aus Gold 916/1000; mittelgroße Gegenstände aus Silber 958/1000
46	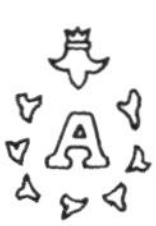	PARIS (F), 1680—1684; charge; Gegenstände aus Gold 916/1000; große Gegenstände aus Silber 958/1000

47 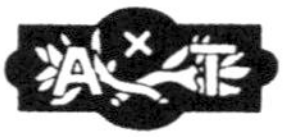

FRANKREICH ab 1911; für eingeführte Gegenstände aus Edelmetallen „admission temporaire“ (zeitweilig)

48 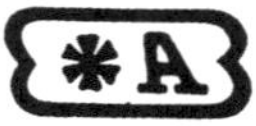

WIEN (A), 1806—1807; mittelgroße Gegenstände aus Gold. Repunzierungsstempel bestätigt die Entrichtung einer Sondergebühr. Von 1806—1824 neben dem Amtsstempel auf neuen Gegenständen

49 

PARIS (F), 1684—1687; für alte Gegenstände

50 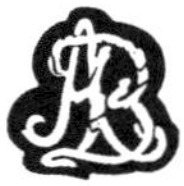

VERSAILLES (F), 1780—1791; charge; Gegenstände aus Gold 916/1000 und kleine Gegenstände aus Silber

51 

AMIENS (F), – généralité und SOISSONS (F), 1774—1780, Gegenstände aus Gold 916/1000 und 843/1000; kleine Gegenstände aus Silber

52 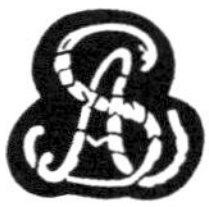

AMIENS (F), 1780—1791; charge; Gegenstände aus Gold 916/1000; kleine Gegenstände aus Silber

53 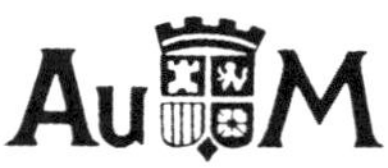

SPANIEN, ab 1934; Gegenstände aus Gold für den Export. Die Buchstaben auf der rechten Seite des Stempels bedeuten;

M – Madrid;
B – Barcelona;
CO – Córdoba;
V – Valencia;
PM – Balearen;
C – La Coruña;
SS – Guipúzcea;
BI – Vizcaya;
SA – Salamanca;
GR – Granada;
SE – Sevilla;
Z – Zaragoza.

54	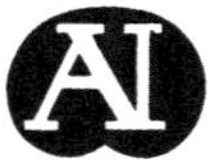	ÖSTERREICHISCH- -UNGARISCHE MONARCHIE, 1866—1868; importierte Gegenstände aus Edelmetallen
55	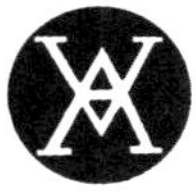	ÖSTERREICHISCH- -UNGARISCHE MONARCHIE, 1868—1872; importierte Gegenstände aus Gold
56	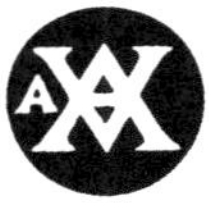	ÖSTERREICHISCH- -UNGARISCHE MONARCHIE, 1872—1902; importierte Gegenstände aus Gold Bedeutung der Buchstaben siehe Nr. 594
57		LINZ / DONAU (A), 1891—1902; importierte Gegenstände aus Gold
58		AIX (F), 1774—1780; charge; Gegenstände aus Gold 916 und 843/1000; kleine Gegenstände aus Silber 958/1000

Buchstabe „B"

59		KOSTROMA (SU), ab 7. 5. 1958; Stempel der Prüfungsbehörde
60	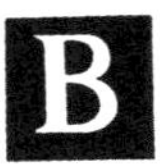	BORGHOLM (S), ab 1860; Stempel der Prüfungsbehörde
61		BORÅS (S), ab 1860; Stempel der Prüfungsbehörde
62		BORLÄNGE (S), ab 1860; Stempel der Prüfungsbehörde

63		LINZ / DONAU (A), 1866—1872 Stempel des Punzamtes
64	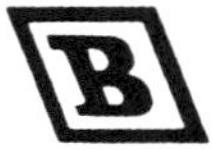	PRAG (CS), 1806—1807; ältere kleine Gegenstände aus Gold; Der Repunzierungsstempel bestätigt die Entrichtung einer Sondergebühr
65		BOLLNÄS (S), ab 1860; Stempel der Prüfungsbehörde
66		BYSKE (S), ab 1860; Stempel der Prüfungsbehörde
67		BJERTRÅ (S), ab 1860; Stempel der Prüfungsbehörde
68		BODEN (S), ab 1860; Stempel der Prüfungsbehörde
69	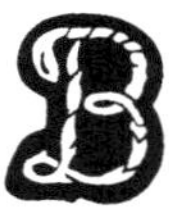	BORDEAUX (F), 1780—1791 charge; Gegenstände aus Gold 916/1000 und kleine Gegenstände aus Silber
70	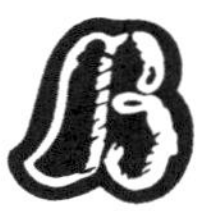	BOURGES (F), 1780—1791; charge; Gegenstände aus Gold 916/1000 und kleine Gegenstände aus Silber
71		NIEDERLANDE, 1806—1810; Überprüfung des Feingehalts mit Entrichtung der Gebühr

72 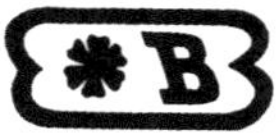

PRAG (CS), 1806—1807; mittelgroße Gegenstände aus Gold. Der Repunzierungsstempel bestätigt die Entrichtung einer Sondergebühr

73 

BAYONNE (F), 1780—1791; charge; Gegenstände aus Gold 916/1000; kleine Gegenstände aus Silber 843/1000

74 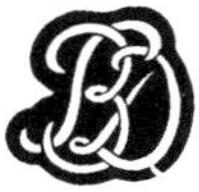

BORDEAUX (F) – généralité, 1774—1780; Gegenstände aus Gold 916 und 843/1000; kleine Gegenstände aus Silber 958/1000

75 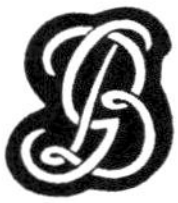

BOURGES (F) – généralité, 1774—1780; Gegenstände aus Gold 916 und 843/1000; kleine Gegenstände aus Silber 958/1000

76 

BAYONNE (F) – généralité und AUCH (F), 1774—1780; charge; Gegenstände aus Gold 916 und 843/1000; kleine Gegenstände aus Silber 958/1000

Buchstabe „C“

77 

SWERDLOWSK (SU), ab 7. 5. 1958; Stempel der Prüfungsbehörde

78 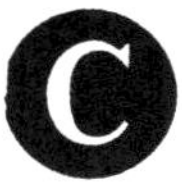

KARLSHAMN (S), ab 1860; Stempel der Prüfungsbehörde

79 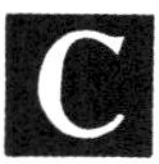

KARLSTAD (S), ab 1860; Stempel der Prüfungsbehörde

80 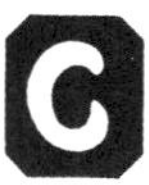

PRAG (CS), 1866—1872; Stempel der Prüfungsbehörde

81 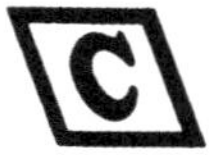

SALZBURG (A), 1806—1807; kleine Gegenstände aus Gold. Der Repunzierungsstempel bestätigt die Entrichtung einer Sondergebühr

82 

KRISTINEHAMN (S), ab 1860; Stempel der Prüfungsbehörde

83 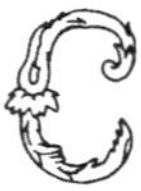

CHÂLONS-SUR-MARNE (F), 1780—1791; charge; Gegenstände aus Gold 916/1000; kleine Gegenstände aus Silber 843/1000

84 

KRISTIANSTAD (S), ab 1860; Stempel der Prüfungsbehörde

85 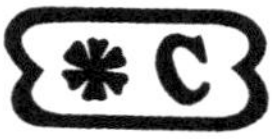

SALZBURG (A), 1806—1807; mittelgroße Gegenstände aus Gold; Repunzierungsstempel bestätigt die Entrichtung einer Sondergebühr

86 

KARLSKRONA (S), ab 1860; Stempel der Prüfungsbehörde

87 

CAEN (F), 1780—1791; charge; Gegenstände aus Gold 916/1000; kleine Gegenstände aus Silber 843/1000

88 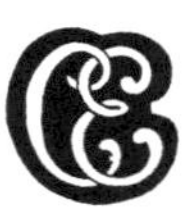

CAEN (F) – généralité und ALENÇON (F), 1774—1780; charge; Gegenstände aus Gold 916/1000; kleine Gegenstände aus Silber 958/1000

89 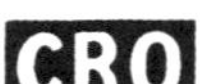

DÄNEMARK, 18. Jh.; Stempel für 21karätiges Gold (874.99/1000)

90 

CAEN (F), 1774—1780; charge; Gegenstände aus Gold 916/1000; kleine Gegenstände aus Silber 843/1000

91 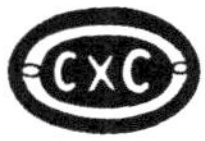

JUGOSLAWIEN, 1922—1933; Vorratsstempel für Gold und Silber

Buchstabe „D“

92 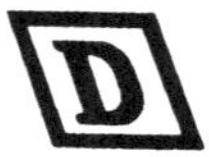

LWOW (SU), 1806—1807; kleine Gegenstände aus Gold; Repunzierungsstempel bestätigt die Entrichtung einer Sondergebühr

93 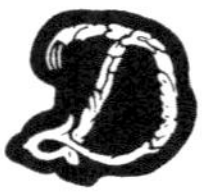

DIJON (F), 1780—1791; charge; Gegenstände aus Gold 916/1000; kleine Gegenstände aus Silber 951/1000

94 

LYON (F), 1698—1703; charge; alle Gegenstände aus Edelmetallen

95 

LYON (F) – généralité 1762—1768; Gegenstände aus Gold 916/1000; Gegenstände aus Silber 958/1000

96 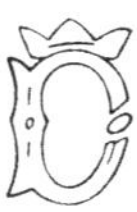

LYON (F) – généralité, 1756—1762; charge; alle Gegenstände aus Edelmetallen

97 

STRASBOURG (F), 1732—1738; charge; Gegenstände aus Gold 916/1000; große Gegenstände aus Silber 819 u. 958/1000; kleine Gegenstände aus Silber 819/1000

98 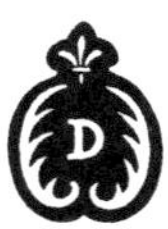

LYON (F), 17. Jh.; charge; alle Gegenstände aus Edelmetallen

99 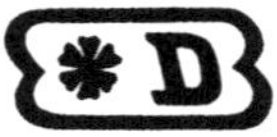

LWOW (SU), 1806—1807; mittelgroße Gegenstände aus Gold; der Repunzierungsstempel bestätigt die Entrichtung einer Sondergebühr

100 

DIJON (F) – généralité, 1774—1780; Gegenstände aus Gold 916/1000; kleine Gegenstände aus Silber 951/1000

101 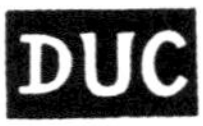

DÄNEMARK, 18. Jh.; Stempel für sog. Dukatengold (23karätig – 958.3/1000)

102 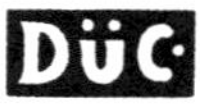

DÄNEMARK, ab 1700; Stempel für 23karätiges Gold (958.3/1000)

Buchstabe „E“

103 

ERIWAN (SU), ab 7. 5. 1958; Stempel der Prüfungsbehörde

104 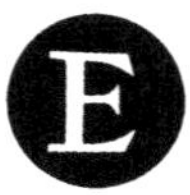

EKSJÖ (S), ab 1860; Stempel der Prüfungsbehörde

105 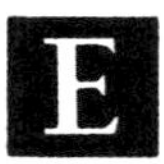

ÄNGELHOLM (S), ab 1860; Stempel der Prüfungsbehörde

106 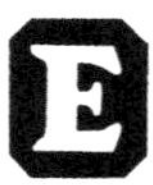

KRAKÓW (PL), 1866—1872; Stempel des Punzamtes

107 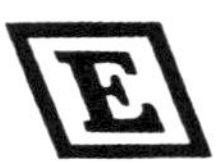

KRAKÓW (PL), 1806—1807; kleine Gegenstände aus Gold; der Repunzierungsstempel bestätigt die Entrichtung einer Sondergebühr

108 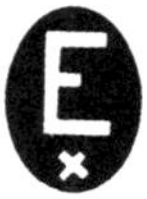

SCHWEIZ, 1914—1934; importierte Gegenstände aus Platin von 950/1000 aufwärts
X = Kontrollamtszeichen, siehe Nr. 611

109 

ESLÖP (S), ab 1860; Stempel der Prüfungsbehörde

110 

ENKÖPING (S), ab 1860; Stempel der Prüfungsbehörde

111 

ESKILSTUNA (S), ab 1860; Stempel der Prüfungsbehörde

112 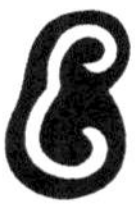

FRANKREICH, 1749—1774; importierte große Gegenstände aus Gold und aus Silber; ohne Bestimmung des Feingehalts

113 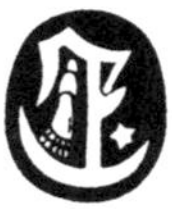

BELGIEN, 1831—1868; importierte kleine Gegenstände aus Gold

114 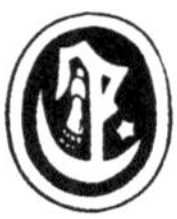

BELGIEN, 1831—1868; importierte große Gegenstände aus Gold

115 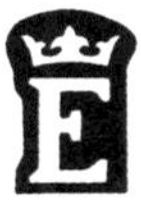

TOURS (F) – généralité, 1768—1774; charge; alle Gegenstände aus Edelmetallen

116 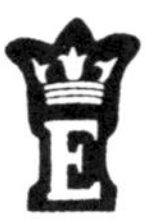

TOURS (F), 1750—1756; charge; Gegenstände aus Gold 916/1000; Gegenstände aus Silber 958/1000

117		TOURS (F), 1762—1768; charge; alle Gegenstände aus Edelmetallen
118		TOURS (F), 1738—1744; charge; große Gegenstände aus Gold 916/1000; große Gegenstände aus Silber 958/1000
119	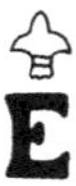	STRASBOURG (F), 1780—1789; charge; Gegenstände aus Gold 916/1000
120	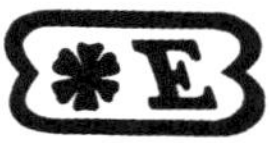	KRAKÓW (PL), 1806—1807; mittelgroße Gegenstände aus Gold; der Repunzierungsstempel bestätigt die Entrichtung einer Sondergebühr
121	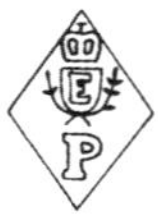	PORTO (P), 1881—1887; Gegenstände aus Gold
122	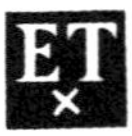	FRANKREICH, importierte Gegenstände aus dem nicht durch Verträge gebundenen Ausland, ohne Garantie für den Feingehalt. Paris vom 1. 6. 1864 bis 23. 10. 1864; Départements vom 1. 6. 1864 bis 30. 5. 1893. Im Jahre 1919 wurde damit in Elsaß-Lothringen der deutsche Feingehalt für 8- und 14karätiges Gold bezeichnet
123	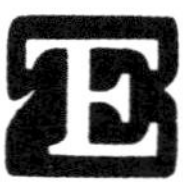	FRANKREICH, 1789—1809; importierte kleine Gegenstände. Im Jahre 1806 auch als recense für das eingegliederte Gebiet

124 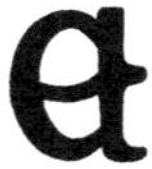

FRANKREICH, 1749—1774; importierte kleine Gegenstände aus Gold und Silber; ohne Bestimmung des Feingehalts

125 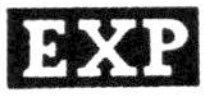

PARIS (F), 1. 1.—19. 6. 1798; exportierte Gegenstände aus Gold und Silber

126 

127 

FRANKREICH, ab 1. 6. 1884; exportierte Uhrgehäuse aus Gold 583/1000. Immer mit dem Zeichen Nr. 703, 704

Buchstabe „F“

128 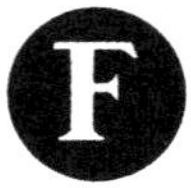

FALKÖPING (S), ab 1860; Stempel der Prüfungsbehörde

129 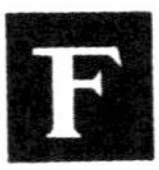

FALUN (S), ab 1860; Stempel der Prüfungsbehörde

130 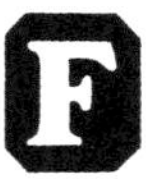

LWOW (SU), 1866—1872; Stempel des Punzamtes

131 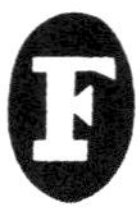

GROSSBRITANNIEN, 1876—1904; importierte Gegenstände aus Edelmetallen

132 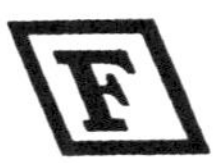

BRNO (CS), 1806—1807; kleine Gegenstände aus Gold; der Repunzierungsstempel bestätigt die Entrichtung einer Sondergebühr

133 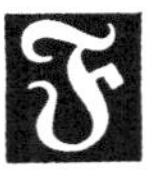

FRYKSÄNDE (S), ab 1860; Stempel der Prüfungsbehörde

134 

FALKENBERG (S), ab 1860; Stempel der Prüfungsbehörde

135 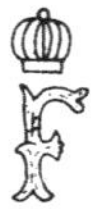

ANGERS (F) – généralité, 1780—1789; charge; Gegenstände aus Gold 916/1000; große Gegenstände aus Silber 958/1000

136 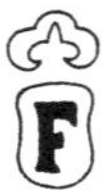

STRASBOURG (F), 1744—1750; charge; Gegenstände aus Gold 916/1000; Gegenstände aus Silber 819 oder 958/1000

137 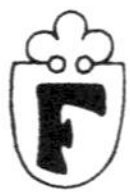

STRASBOURG (F), 1738—1744; charge; Gegenstände aus Gold 916/1000; Gegenstände aus Silber 819 oder 958/1000

138 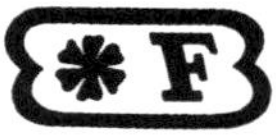

BRNO (CS), 1806—1807; mittelgroße Gegenstände aus Gold; der Repunzierungsstempel bestätigt die Entrichtung einer Sondergebühr

139 

FILIPSTAD (S), ab 1860; Stempel der Prüfungsbehörde

140 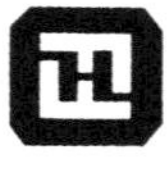

GLASGOW (GB), ab 1906; importierte Gegenstände aus Gold

141 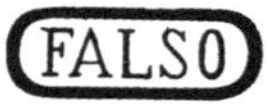

142 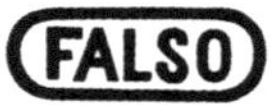

PORTO (P), 1886—1938; Uhren – Imitationen von Edelmetallen

143 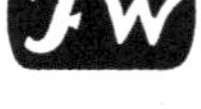

PREUSSEN, 1809; Steuerstempel auf Gegenständen aus Edelmetallen; Abzahlung der Kriegsentschädigung an Frankreich

	Buchstabe „G“	
144	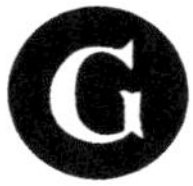	GÄVLE (S), ab 1860; Stempel der Prüfungsbehörde
145	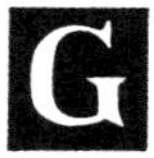	GRENNA (S), ab 1860; Stempel der Prüfungsbehörde
146	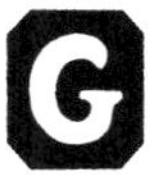	GRAZ (A), 1866—1872; Stempel des Punzamtes
147	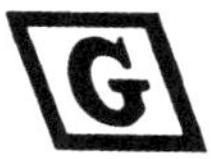	LINZ/DONAU (A), 1806—1807; kleine Gegenstände aus Gold; der Repunzierungsstempel bestätigt die Entrichtung einer Sondergebühr
148	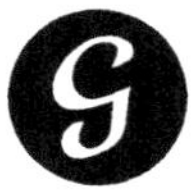	GUDMUNDRÅ (S), ab 1860; Stempel der Prüfungsbehörde
149	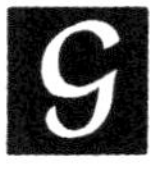	GRASTORP (S), ab 1860; Stempel der Prüfungsbehörde
150		GÄLLIVARE (S), ab 1860; Stempel der Prüfungsbehörde
151	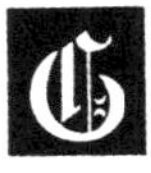	GRUNDSUNDA (S), ab 1860; Stempel der Prüfungsbehörde

152 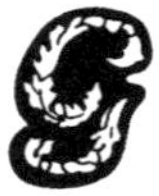

GRENOBLE (F), 1780—1791; charge; Gegenstände aus Gold 916/1000; kleine Gegenstände aus Silber 951/1000

153 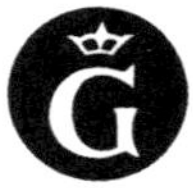

GÖTEBORG (S), ab 1860; Stempel der Prüfungsbehörde

154 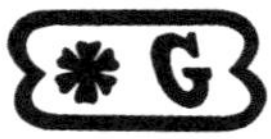

LINZ/DONAU (A), 1806—1807; mittelgroße Gegenstände aus Gold; der Repunzierungsstempel bestätigt die Entrichtung einer Sondergebühr

155 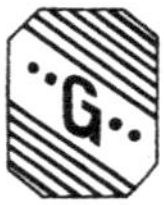

NIEDERLANDE, 1953—1955; importierte Gegenstände aus Gold 833/1000

156 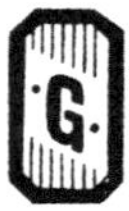

NIEDERLANDE, 1953—1956; importierte Gegenstände aus Gold 750/1000

157 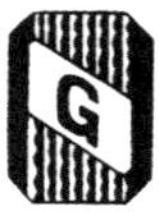

NIEDERLANDE, 1953—1955; importierte Gegenstände aus Gold 585/1000

158 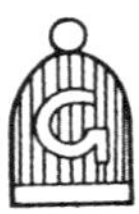

GENF (CH), 1815—1881; Schmuckstücke aus Gold 750/1000

159 

GENF (CH), 1815—1881; kleine Uhren aus Gold 750/1000

160 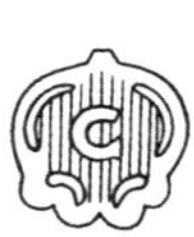

GENF (CH), 1815—1881; große Uhren aus Gold 750/1000

161 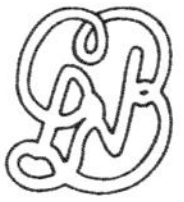
GRENOBLE (F), 1774—1780; charge; Gegenstände aus Gold 943 und 843/1000; kleine Gegenstände aus Silber 951/1000

162 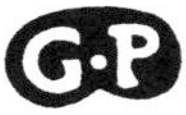
ROM (I), 1814

Buchstabe „H“

163 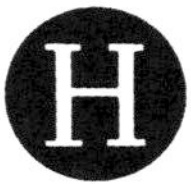
HALMSTAD (S), ab 1860; Stempel der Prüfungsbehörde

164 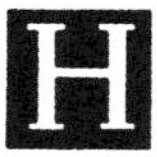
HÄRNÖSAND (S), ab 1860; Stempel der Prüfungsbehörde

165 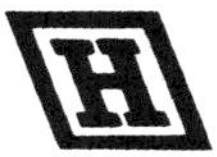
GRAZ (A), 1806—1807; kleine Gegenstände aus Gold; der Repunzierungsstempel bestätigt die Entrichtung einer Sondergebühr

166 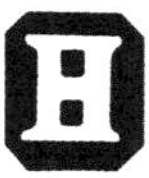
BREGENZ (A), 1866—1872; Stempel des Punzamtes

167 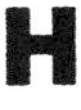
NOWOSIBIRSK (SU), ab 7. 5. 1958; Stempel der Prüfungsbehörde

168 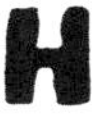
JEREWAN (SU), 1927—1946; Stempel der Behörde für das Punzierungsgebiet (Armenische SSR)
TALLINN (SU), 1946—1958; Stempel der Prüfungsbehörde

169 
HÄLSINGBORG (S), ab 1860; Stempel der Prüfungsbehörde

170 

HJO (S), ab 1860;
Stempel der
Prüfungsbehörde

171 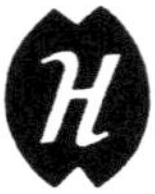

BULGARIEN, ab 1910;
importierte Gegenstände
aus Gold mit dem
Mindestfeingehalt 330/1000

172 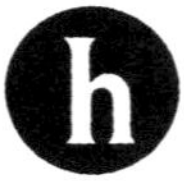

HÖRBY (S), ab 1860;
Stempel der
Prüfungsbehörde

173 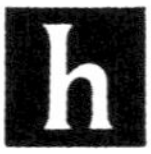

HÄSSLEHOLM (S), ab 1860;
Stempel der
Prüfungsbehörde

174 

HVETLANDA (S), ab 1860;
Stempel der
Prüfungsbehörde

175 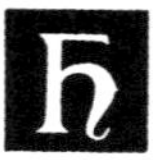

HÖGENÄS (S), ab 1860;
Stempel der
Prüfungsbehörde

176 

HAPARANDA (S), ab 1860;
Stempel der
Prüfungsbehörde

177 

HEDEMORA (S), ab 1860;
Stempel der
Prüfungsbehörde

178 

HUDIKSVALL (S), ab 1860;
Stempel der
Prüfungsbehörde

179 

HEMSE (S), ab 1860;
Stempel der
Prüfungsbehörde

180

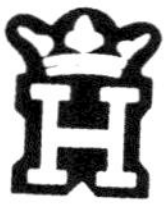

LA ROCHELLE (F) – généralité; 18. Jh.; charge; alle Gegenstände aus Edelmetallen

181

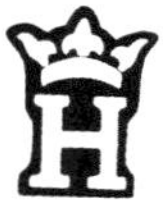

LA ROCHELLE (F) – généralité, 1744—1750; charge; alle Gegenstände aus Edelmetallen

182

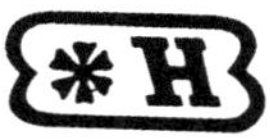

GRAZ (A), 1806—1807; mittelgroße Gegenstände aus Gold; der Repunzierungsstempel bestätigt die Entrichtung einer Sondergebühr

Buchstabe „I"

183

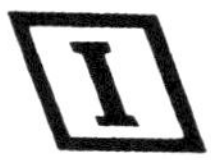

KLAGENFURT (A), 1806—1807; kleine Gegenstände aus Gold; der Repunzierungsstempel bestätigt die Entrichtung einer Sondergebühr

184

LYCKSELE (S), ab 1860; Stempel der Prüfungsbehörde

185

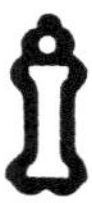

PORTO (P), 1776—1784; Gegenstände aus Gold 916/1000

186

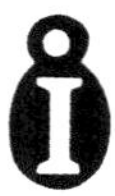

BRAGA (P), 1802—1834; Gegenstände aus Gold

187

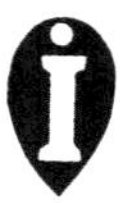

PORTO (P), 1732—1776; Gegenstände aus Gold 916/1000

188

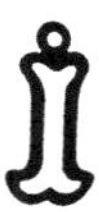

PORTO (P), 1821—1855; Gegenstände aus Gold

189	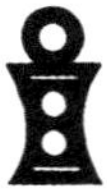	PORTO (P), 1855—1863; Gegenstände aus Gold
190	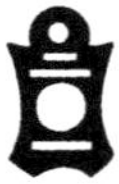	GUIMARÃES (P), 1807—1820; Gegenstände aus Gold
191	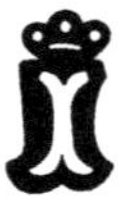	PORTO (P), 1863—1865; Gegenstände aus Gold
192	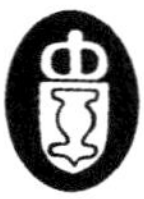	GUIMARÃES (P), 1874—1881; Gegenstände aus Gold
193	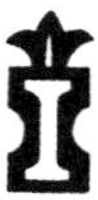	GUIMARÃES (P), 1820—1824; Gegenstände aus Gold
194	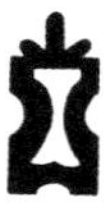	PORTO (P), 1784—1785; Gegenstände aus Gold 916/1000
195	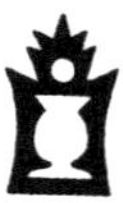	GUIMARÃES (P), 1842—1874 Gegenstände aus Gold
196		PORTO (P), 1880—1881; Gegenstände aus Gold
197	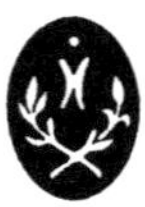	PORTO (P), 1881—1887; Gegenstände aus Gold

198 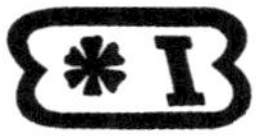

KLAGENFURT (A), 1806—1807; mittelgroße Gegenstände aus Gold; der Repunzierungsstempel bestätigt die Entrichtung einer Sondergebühr

199 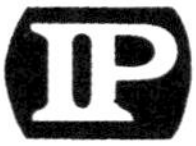

TSCHECHOSLOWAKEI, 1929; Vorratsstempel für Gegenstände aus Edelmetallen mit Feingehalt 950—650/1000

Buchstabe „J"

200 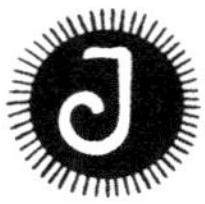

RUMÄNIEN, 1. 4. 1906—1. 10. 1906; Gegenstände aus Gold mit Feingehalt 230—500/1000, die vor dem 1. 4. 1906 angefertigt wurden

201 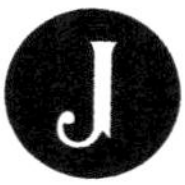

JÖNKÖPING (S), ab 1860; Stempel der Prüfungsbehörde

202 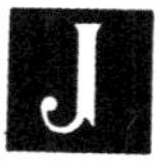

JÖRN (S), ab 1860; Stempel der Prüfungsbehörde

203 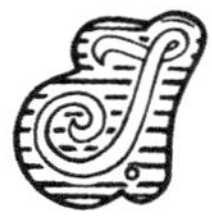

204 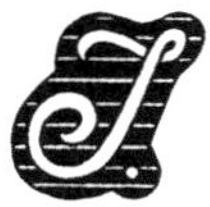

NIEDERLANDE, 1906—1953; Steuerstempel für inländische Erzeugnisse

205 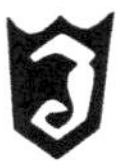

HANAU (D), 18.—19. Jh.; Gegenstände aus Gold

206 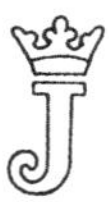

LISSABON (P), Beginn des 19. Jh.; Gegenstände aus Gold

207 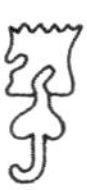

LISSABON (P), 1881; Gegenstände aus Gold

208 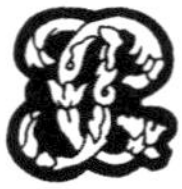

PARIS (F) – généralité, 1780—1789; charge; Gegenstände aus Gold 916/1000 und kleine Gegenstände aus Silber

Buchstabe „K“

209 

KIEW (SU), ab 7. 5. 1958; Stempel der Prüfungsbehörde

210 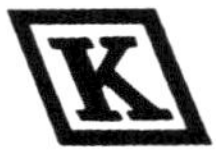

LJUBLJANA (YU), 1806—1807; kleine Gegenstände aus Gold; der Repunzierungsstempel bestätigt die Entrichtung einer Sondergebühr

211 

KUNGÄLF (S), ab 1860; Stempel der Prüfungsbehörde

212 

KUNGSÖR (S), ab 1860; Stempel der Prüfungsbehörde

213 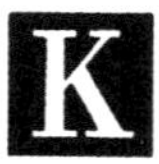

KALMAR (S), 1860—1912; Stempel der Prüfungsbehörde

214 

KINNA (S), ab 1860; Stempel der Prüfungsbehörde

215 

KIRUNA (S), ab 1860; Stempel der Prüfungsbehörde

216 

KUNGSBACKA (S), ab 1860; Stempel der Prüfungsbehörde

217		KÖPING (S), ab 1860; Stempel der Prüfungsbehörde
218		KATRINEHOLM (S), ab 1860; Stempel der Prüfungsbehörde
219	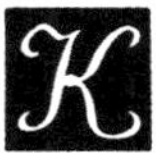	KOPPARBERG (S), ab 1860; Stempel der Pürfungsbehörde
220	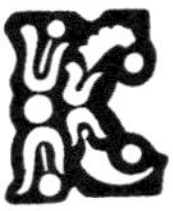	BORDEAUX (F), 1698—1703; charge; alle Gegenstände aus Edelmetallen
221	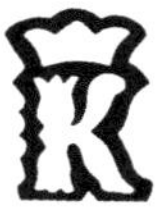	BORDEAUX (F), 1768—1774; charge; große Gegenstände aus Gold 916/1000; Gegenstände aus Silber 958/1000
222		BORDEAUX (F), 1756—1762; charge; alle Gegenstände aus Edelmetallen
223	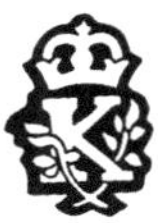	BORDEAUX (F), 1738—1744; charge; alle Gegenstände aus Edelmetallen
224		BORDEAUX (F), 1691—1698; charge; alle Gegenstände aus Edelmetallen
225		BORDEAUX (F), 1672—1680; charge; alle Gegenstände aus Edelmetallen

226 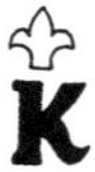

STRASBOURG (F), 1756—1762; charge; Gegenstände aus Gold 916/1000

227 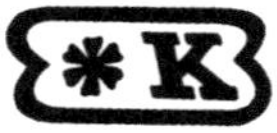

LJUBLJANA (YU), 1806—1807; mittelgroße Gegenstände aus Gold; der Repunzierungsstempel bestätigt die Entrichtung einer Sondergebühr

Buchstabe „L“

228 

LINKÖPING (S), ab 1860; Stempel der Prüfungsbehörde

229 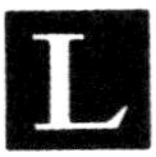

LIDKÖPING (S), ab 1860; Stempel der Prüfungsbehörde

230 

LUDVIKA (S), ab 1860; Stempel der Prüfungsbehörde

231 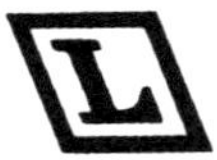

TRIESTE (I), 1806—1807; kleine Gegenstände aus Gold; der Repunzierungsstempel bestätigt die Entrichtung einer Sondergebühr

232 

LAHOLM (S), ab 1860; Stempel der Prüfungsbehörde

233 

LYSEKIL (S), ab 1860; Stempel der Prüfungsbehörde

234 

LINDESBERG (S), ab 1860; Stempel der Prüfungsbehörde

235		LANDSKRONA (S), ab 1860; Stempel der Prüfungsbehörde
236		LJUNGBY (S), ab 1860; Stempel der Prüfungsbehörde
237		LJUSDAL (S), ab 1860; Stempel der Prüfungsbehörde
238		LULEÅ (S), ab 1860; Stempel der Prüfungsbehörde
239	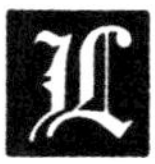	LUND (S) ab 1860; Stempel der Prüfungsbehörde
240	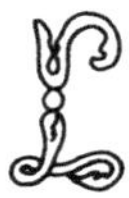	LYON (F), 1780—1791; charge; Gegenstände aus Gold 916/1000; kleine Gegenstände aus Silber 843/1000
241	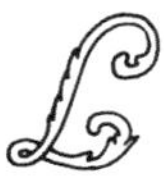	LYON(F),1780—1791;charge Gegenstände aus Gold 916/1000; kleine Gegenstände aus Silber 843/1000 Gegenstände aus Silber 843/1000
242		LISSABON (P), 1881—1887; recense-Stempel, der die älteren Feingehaltsstempel von Gegenständen aus Gold verifiziert
243		LISSABON (P), 1881—1887; provisorischer Staatsstempel

244 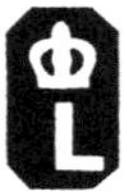

LISSABON (P), 1881—1887; provisorischer Staatsstempel

245 

BAYONNE (F) – généralité, Mitte des 18. Jh.; charge; Gegenstände aus Gold 916 und 843/1000; Gegenstände aus Silber 958/1000

246 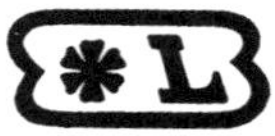

TRIESTE (I), 1806—1807; mittelgroße Gegenstände aus Gold; der Repunzierungsstempel bestätigt die Entrichtung einer Sondergebühr

247 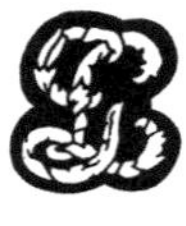

LIMOGES (F), 1780—1791; charge; Gegenstände aus Gold 916/1000; kleine Gegenstände aus Silber 958/1000

248 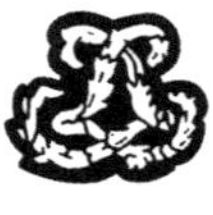

PARIS (F), 1780—1783; charge; Gegenstände aus Gold 916/1000; kleine Gegenstände aus Silber 958/1000

249 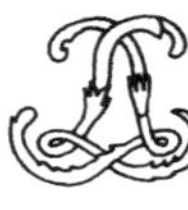

VERSAILLES (F), 1780—1791; charge; Gegenstände aus Gold 916/1000; kleine Gegenstände aus Silber 843/1000

250 

PARIS (F), 1782; charge; große Gegenstände aus Gold 916/1000; kleine Gegenstände aus Silber 958/1000

251 

PARIS (F), 1713—1717; charge; Gegenstände aus Gold 916/1000; mittelgroße Gegenstände aus Silber 958/1000

252		LIMOGES (F) – généralité, 1774—1780; charge; Gegenstände aus Gold 916 und 843/1000; kleine Gegenstände aus Silber 958/1000
253		LA ROCHELLE (F), 1774—1780; charge; Gegenstände aus Gold 916 und 843/1000; kleine Gegenstände aus Silber 958/1000
254	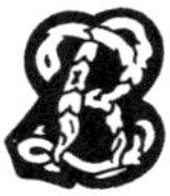	LA ROCHELLE (F), 1780—1791; charge; Gegenstände aus Gold 916/1000; kleine Gegenstände aus Silber 958/1000
255		LYON (F), 1774—1780; charge; Gegenstände aus Gold 916/1000; kleine Gegenstände aus Silber 958/1000
	Buchstabe „M“	
256	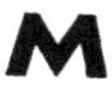	MOSKAU (SU), ab 7. 5. 1958; Stempel der Prüfungsbehörde
257		MINSK (SU), 1927—1946; Stempel der Behörde für das Punzierungsgebiet (Belorussische SSR) LWOW (SU), 1946—1958; Stempel der Prüfungsbehörde
258	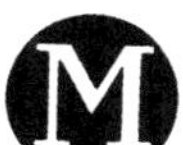	MALMKÖPING (S), ab 1860; Stempel der Prüfungsbehörde
259		MORASTRAND (S), ab 1860; Stempel der Prüfungsbehörde

260 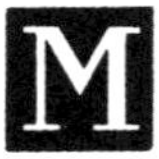

MALMÖ (S), ab 1860;
Stempel der
Prüfungsbehörde

261 

TRIESTE (I), 1866—1872;
Stempel der
Prüfungsbehörde

262 

MARSTRAND (S), ab 1860;
Stempel der
Prüfungsbehörde

263 

MOTALA (S), ab 1860;
Stempel der
Prüfungsbehörde

264 

MARIEFRED (S), ab 1860;
Stempel der
Prüfungsbehörde

265 

MARIESTAD (S), ab 1860;
Stempel der
Prüfungsbehörde

266 

MJÖLBY (S), ab 1860;
Stempel der
Prüfungsbehörde

267 

MALMBERGET (S), ab 1860;
Stempel der
Prüfungsbehörde

268 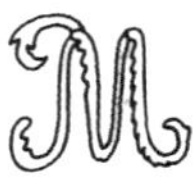

METZ (F), 1780—1791;
charge; Gegenstände aus
Gold 916/1000; kleine
Gegenstände aus Silber
843/1000

269 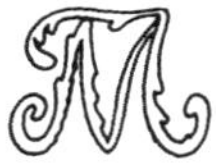

TOULOUSE (F), 1780—1791; charge; Gegenstände aus Gold 916/1000; kleine Gegenstände aus Silber 843/1000

270 

ANGERS (F), 1768—1774; charge; Gegenstände aus Gold 916/1000; Gegenstände aus Silber 958/1000

271 

TOULOUSE (F) – généralité, 1768—1774; charge; alle Gegenstände aus Edelmetallen

272 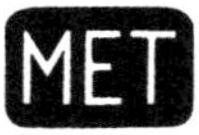

POLEN, ab 1931; für Erzeugnisse oder deren Bestandteile aus gewöhnlichen Metallen

273 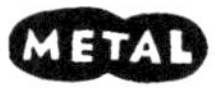

ÖSTERREICHISCH--UNGARISCHE MONARCHIE, 1887; Vorratsstempel

274 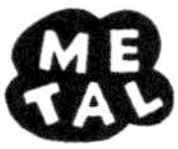

für Gegenstände mit niedrigerem Feingehalt als 250/1000

275 

MONTPELLIER (F), 1774—1780; charge; Gegenstände aus Gold 916/1000; kleine Gegenstände aus Silber 843/1000

276 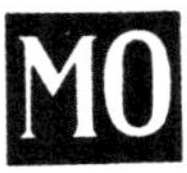

MO (S), ab 1860; Stempel der Prüfungsbehörde

277 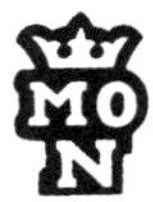

MONTAUBAN (F), Mitte des 18. Jh.; charge; alle Gegenstände aus Edelmetallen

278 

ÖSTERREICH, von 1925; Exportstempel für alle Gegenstände aus Edelmetallen
Buchstaben: Monogramm des Herstellers; Ziffern: Feingehalt des Metalls

279 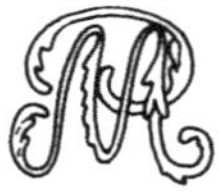 MONTPELLIER (F), 1780—1791; charge; Gegenstände aus Gold 916/1000; kleine Gegenstände aus Silber 843/1000

280  MONTPELLIER (F) – généralité, 1774—1780; charge; Gegenstände aus Gold 916 und 843/1000; kleine Gegenstände aus Silber 958/1000

281  METZ (F) – généralité, 1774—1780; charge; Gegenstände aus Gold 916 und 843/1000; kleine Gegenstände aus Silber 958/1000

Buchstabe „N“

282  NORDINGRÅ (S), ab 1860; Stempel der Prüfungsbehörde

283  NORBERG (S), ab 1860; Stempel der Prüfungsbehörde

284  NORA (S), ab 1860; Stempel der Prüfungsbehörde

285  NORRKÖPING (S), ab 1860; Stempel der Prüfungsbehörde

286  NORDMALING (S), ab 1860; Stempel der Prüfungsbehörde

287	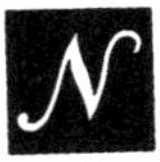	NEDERKALIX (S), ab 1860; Stempel der Prüfungsbehörde
288		NORRTÄLJE (S), ab 1860; Stempel der Prüfungsbehörde
289		NYKÖPING (S), ab 1860; Stempel der Prüfungsbehörde
290		NÄSSJÖ (S), ab 1860; Stempel der Prüfungsbehörde
291	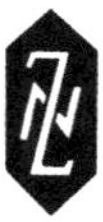	TSCHECHOSLOWAKEI, 1921; Vorratsstempel für sog. „Neugold“ (Feingehalt unter 250/1000)

Buchstabe „O“

292	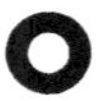	ODESSA (SU), ab 7. 5. 1958; Stempel der Prüfungsbehörde
293	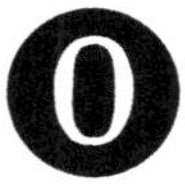	ÖREBRO (S), ab 1860; Stempel der Prüfungsbehörde
294	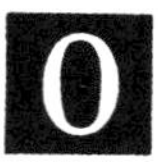	ÖREGRUND (S), ab 1860; Stempel der Prüfungsbehörde
295		ÖRNSKÖLDSVIK (S), ab 1860; Stempel der Prüfungsbehörde
296		ÖVERKALIX (S), ab 1860; Stempel der Prüfungsbehörde

297 

ÖSTHAMMAR (S). ab 1860; Stempel der Prüfungsbehörde

298 

ÖSTERSUND (S), ab 1860; Stempel der Prüfungsbehörde

299 

OSKARSHAMN (S), ab 1860; Stempel der Prüfungsbehörde

300 

301 

BELGIEN, 1869—1942; große und kleine Gegenstände aus Gold 800/1000

302 

303 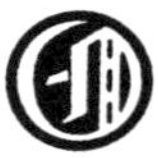

BELGIEN, 1869—1942; große und kleine Gegenstände aus Gold 750/1000

304 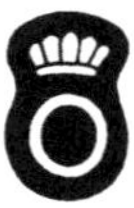

NIEDERLANDE, 1806—1810; gebührenfreie Überprüfung des Feingehalts

305 

RIOM (F), 1780—1791; charge; Gegenstände aus Gold 916/1000 und kleine Gegenstände aus Silber

306 

ORLÉANS (F) – généralité, 1774—1780; charge; Gegenstände aus Gold und kleine Gegenstände aus Silber

Buchstabe „P"

307 **P**

RIGA (SU), ab 7. 5. 1958; Stempel der Prüfungsbehörde

308 

PITEÅ (S), ab 1860; Stempel der Prüfungsbehörde

309 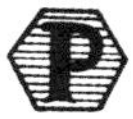

SCHWEDEN, ab 1925; Gegenstände aus Platin 950/1000; immer mit Stempel Nr. 1500 oder 1501

310 

RUMÄNIEN, 12. 1. 1942 bis 1. 7. 1948; alte Gegenstände aus Edelmetallen, die im Antiquitätenhandel oder in Pfandhäusern verkauft wurden

311 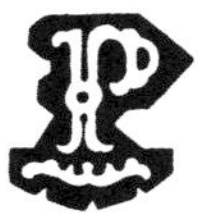

DIJON (F), 17. Jh.; charge; alle Gegenstände aus Edelmetallen

312 

DIJON (F), 1738—1744; charge; alle Gegenstände aus Edelmetallen

313 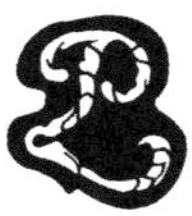

POITIERS (F), 1780—1791; charge; Gegenstände aus Gold 916/1000 und kleine Gegenstände aus Silber

314 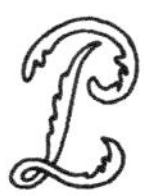

POITIERS (F), 1780—1791; charge; Gegenstände aus Gold 916/1000; kleine Gegenstände aus Silber 843/1000

315 

PORTO (P), 1881—1887; provisorischer Staatsstempel

316 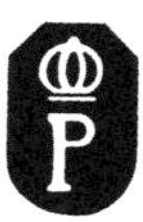

PORTO (P), 1881—1887; recense-Stempel, der die älteren Feingehaltsstempel von Gegenständen aus Gold verifiziert

317 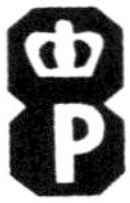

PORTO (P), 1881—1887; provisorischer Staatsstempel

318 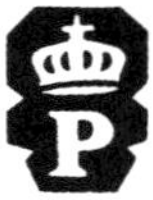

PORTO (P), 1881—1887; provisorischer Staatsstempel

319 

DIJON (F) – généralité, 1750—1756; charge; alle Gegenstände aus Edelmetallen

320 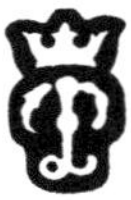

DIJON (F), 1762—1768; charge; Gegenstände aus Gold 916/1000; Gegenstände aus Silber 951/1000

321 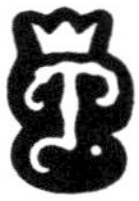

DIJON (F) – généralité, 1759—1762; charge; alle Gegenstände aus Edelmetallen

322 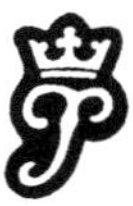

DIJON (F) – généralité, 1756—1759; charge; alle Gegenstände aus Edelmetallen

323 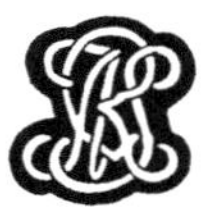

PARIS (F), 1774—1780; charge; Gegenstände aus Gold 916/1000; kleine Gegenstände aus Silber 958/1000

324 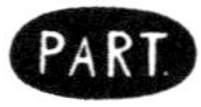

PORTUGAL, ab 1886 Stempel für die einzelnen Bestandteile von Gegenständen aus Edelmetallen

325 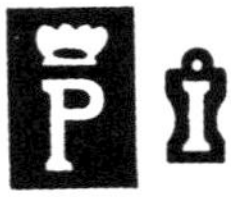

PORTO (P), 1794—1821; Gegenstände aus Gold

326 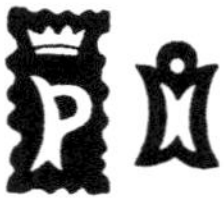

PORTO (P), 1784—1785; Gegenstände aus Gold

327 

PORTO (P), 1785—1794;
Gegenstände aus Gold

328 

PORTO (P), 1865—1880;
Gegenstände aus Gold

329 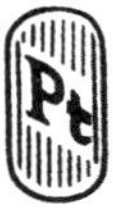

NIEDERLANDE, ab 1953;
importierte Gegenstände
aus Platin

330 

ÖSTERREICH, 1. Hälfte
1923;
Vorratsstempel für
Gegenstände aus Platin

331 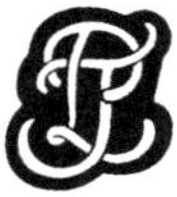

POITIERS (F), 1774—1780;
charge; Gegenstände aus
Gold 916 und 843/1000;
kleine Gegenstände aus
Silber 958/1000

332 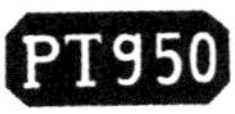

BELGIEN, ab 1942;
Feingehaltsstempel für
Platin

333 

NIEDERLANDE, ab 1953;
große und kleine
Gegenstände aus Platin
950/1000

Buchstabe „R“

334 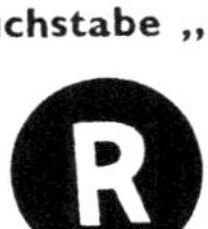

RUMÄNIEN
a) 4. 3.—1. 7. 1948;
Gegenstände aus
Edelmetallen in
Privatbesitz
b) 6. 4. —31. 7. 1944;
Gegenstände, die in
Nordsiebenbürgen, in der
Bukowina oder der
Moldau, bzw. nach dem
30. 8. 1940 oder dem
1. 3. 1944
hergestellt wurden

335 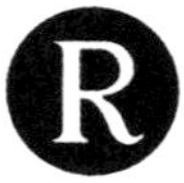

RONNEBY (S), ab 1860;
Stempel der
Prüfungsbehörde

336 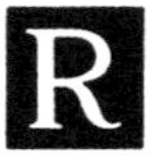

RAGUNDA (S), ab 1860;
Stempel der
Prüfungsbehörde

337 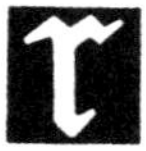

BELGIEN, 1831;
recense-Stempel für
kleine Gegenstände

338 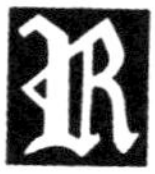

BELGIEN, 1831;
recense-Stempel für
große Gegenstände

339 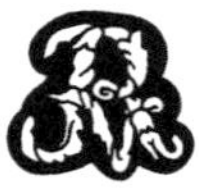

ROUEN (F), 1780—1791;
charge; Gegenstände aus
Gold 916/1000; kleine
Gegenstände aus
Silber 843/1000

340 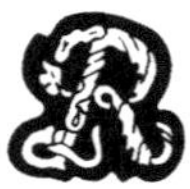

RENNES (F), 1780—1791;
charge; Gegenstände aus
Gold 916/1000 und kleine
Gegenstände aus Silber

341 

ORLÉANS (F) – généralité
und MOULINS (F),
1762—1768;
charge; alle Gegenstände
aus Edelmetallen

342 

ORLÉANS (F), 1744—1750;
charge; alle Gegenstände
aus Edelmetallen

343 

ORLÉANS (F), 1732—1738;
charge; alle Gegenstände
aus Edelmetallen

344 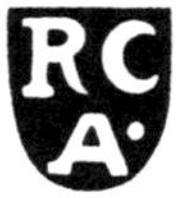

ROM (I), 1815;
Gegenstände aus Gold

345 

ROUEN (F), 1774—1780;
charge; Gegenstände aus Gold 916/1000; kleine Gegenstände aus Silber 958/1000

346 

FRANKREICH, ab 1. 1. 1893;
Zoll-Ergänzungsstempel für importierte Uhren aus Gold; x = Stempel der Provinzbehörde

347 

RENNES (F) – généralité, 1774—1780;
charge; Gegenstände aus Gold 916 und 843/1000 sowie kleine Gegenstände aus Silber

348 

RIOM (F) – généralité, 1774—1780;
charge; Gegenstände aus Gold 916 und 843/1000; kleine Gegenstände aus Silber 958/1000

349 

CHÂLONS-SUR-MARNE (F) – généralité, 1774—1780;
charge; Gegenstände aus Gold 916 und 843/1000; kleine Gegenstände aus Silber 958/1000

Buchstabe „S“

350 

SALA (S), ab 1860;
Stempel der Prüfungsbehörde

351 

SKARA (S), ab 1860;
Stempel der Prüfungsbehörde

352 SVENGSMON (S), ab 1860; Stempel der Prüfungsbehörde

353 SKÖFDE (S), ab 1860; Stempel der Prüfungsbehörde

354 STRÄNGNÄS (S), ab 1860; Stempel der Prüfungsbehörde

355 SÖDERHAMN (S), ab 1860; Stempel der Prüfungsbehörde

356 SÖDERKÖPING (S), ab 1860; Stempel der Prüfungsbehörde

357 NIEDERLANDE, 1853—1859; Steuerstempel für Inlandserzeugnisse

358 SKELLEFTEÅ (S), ab 1860; Stempel der Prüfungsbehörde

359 SKENINGE (S), ab 1860; Stempel der Prüfungsbehörde

360 SIMRISHAMN (S), ab 1860; Stempel der Prüfungsbehörde

361 SÖLVESBORG (S), ab 1860; Stempel der Prüfungsbehörde

362 

SÖDERTÄLJE (S), ab 1860;
Stempel der
Prüfungsbehörde

363 

STRÖMSTAD (S), ab 1860;
Stempel der
Prüfungsbehörde

364 

SUNDVALL (S), ab 1860;
Stempel der
Prüfungsbehörde

365 

SUNNE (S), ab 1860;
Stempel der
Prüfungsbehörde

366 

SOLLEFTEÅ (S), ab 1860;
Stempel der
Prüfungsbehörde

367 

SÄTER (S), ab 1860;
Stempel der
Prüfungsbehörde

368 

SMEDJEBACKEN (S),
ab 1860;
Stempel der
Prüfungsbehörde

369 

SIGTUNA (S), ab 1860;
Stempel der
Prüfungsbehörde

370 

SKANÖR (S), ab 1860;
Stempel der
Prüfungsbehörde

371 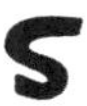

RIGA (SU), 1908—1917;
Stempel der
Prüfungsbehörde
NOWOSIBIRSK (SU),
1927—1958;
Stempel der Behörde
für das Punzierungsgebiet

372	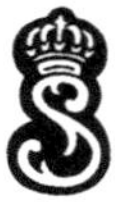	REIMS (F) – généralité, 1768—1774; charge; alle Gegenstände aus Edelmetallen
373	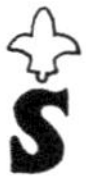	STRASBOURG (F), 1768—1774; charge; Gegenstände aus Gold 916/1000
374	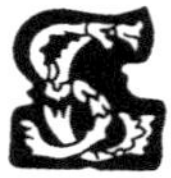	SAINT-GERMAIN (F), 1780—1791; charge; Gegenstände aus Gold 916/1000 und kleine Gegenstände aus Silber
375	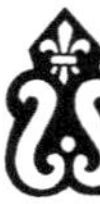	BORDEAUX (F), 1687—1691; charge; alle Gegenstände aus Edelmetallen
376		SAARLAND, 1954—31. 12. 1956; Gegenstände aus Gold 333/1000
377	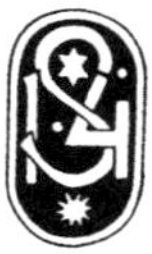	SAARLAND, 1954—31. 12. 1956; Gegenstände aus Gold 583/1000

Buchstabe „T“

378	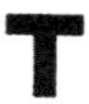	TASCHKENT (SU), ab 7. 5. 1958; Stempel der Prüfungsbehörde
379		TORSHÄLLA (S), ab 1860; Stempel der Prüfungsbehörde
380	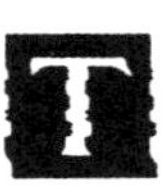	TROSA (S), ab 1860. Stempel der Prüfungsbehörde

381 

TOMELILLA (S), ab 1860;
Stempel der
Prüfungsbehörde

382 

TROLLHÄTTAN (S),
ab 1860;
Stempel der
Prüfungsbehörde

383 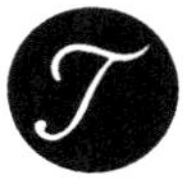

TRELLEBORG (S), ab 1860;
Stempel der
Prüfungsbehörde

384 

TIDAHOLM (S), ab 1860;
Stempel der
Prüfungsbehörde

385 

TRANÅS (S), ab 1860;
Stempel der
Prüfungsbehörde

386 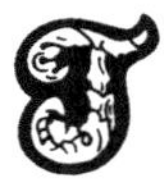

TOURS (F), 1780—1791;
charge; Gegenstände aus
Gold 916/1000 und kleine
Gegenstände aus Silber

387 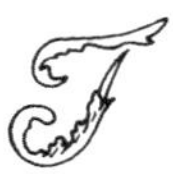

TOURS (F), 1780—1791;
charge; Gegenstände aus
Gold 916/1000; kleine
Gegenstände aus Silber
843/1000

388 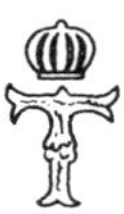

NANTES (F) – généralité,
1780—1789;
charge; Gegenstände aus
Gold 916/1000; große
Gegenstände aus Silber
958/1000

389 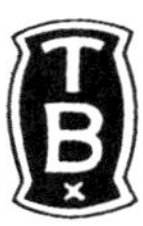

SCHWEIZ, 1880—1934;
importierte Uhrgehäuse
aus Gold mit niedrigem
Feingehalt 375/1000;
x = siehe Nr. 611

390 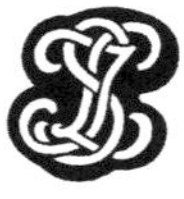

TOULOUSE (F) – généralité und MONTAUBAN (F), 1774—1780; charge; Gegenstände aus Gold 916 und 843/1000 und kleine Gegenstände aus Silber

391 

TOURS (F), 1774—1780; charge; Gegenstände aus Gold 916/1000; kleine Gegenstände aus Silber 958/1000

392 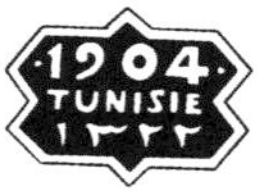

TUNESIEN, 1905; recense-Stempel für Edelmetalle

Buchstabe „U“

393 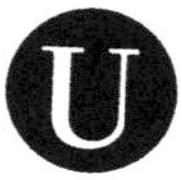

UDDEVALLA (S), ab 1860; Stempel der Prüfungsbehörde

394 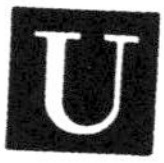

ULRICEHAMN (S), ab 1860; Stempel der Prüfungsbehörde

395 

ULLÅNGER (S), ab 1860; Stempel der Prüfungsbehörde

396 

UMEÅ (S), ab 1860; Stempel der Prüfungsbehörde

397 

UPPSALA (S), ab 1860; Stempel der Prüfungsbehörde

398 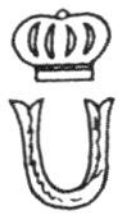

PAU (F) – généralité; 1780—1789; charge; Gegenstände aus Gold 916/1000; große Gegenstände aus Silber 958/1000

Buchstabe „V“

399 

VALDEMARSVIK (S), ab 1860; Stempel der Prüfungsbehörde

400 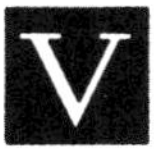

VARA (S), ab 1860; Stempel der Prüfungsbehörde

401 

VÄRNAMO (S), ab 1860; Stempel der Prüfungsbehörde

402 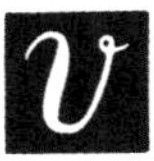

VILHELMINA (S), ab 1860; Stempel der Prüngsbehörde

403 

NIEDERLANDE, 1814—1831; importierte kleine Gegenstände aus Edelmetallen

404 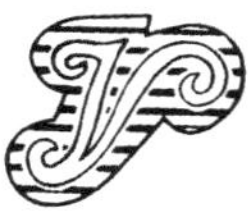

405 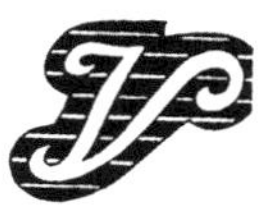

NIEDERLANDE, 1906—1953; importierte Gegenstände aus Edelmetallen

406 

TROYES (F) – généralité, 1768—1774; Gegenstände aus Gold 916/1000; Gegenstände aus Silber 958/1000

407 

NIEDERLANDE, 1806—1810; Steuerstempel für Importwaren aus Edelmetallen

408 

NIEDERLANDE, 1814—1893; importierte große Gegenstände aus Edelmetallen

409 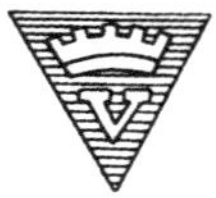

NIEDERLANDE, 1893—1906; importierte große Gegenstände aus Gold

410 

TROYES (F) – généralité, 1780—1789; charge; Gegenstände aus Gold 916/1000; große Gegenstände aus Silber 958/1000

411 

ÖSTERREICHISCH-UNGARISCHE MONARCHIE, 1866; Vorratsstempel für vor diesem Jahr hergestellte Waren

412

413

414

VENEDIG (I), 1805; Stempel für Gold Nr. 1, 2 und 3 (326, 545 und 767/1000) unterhalb des Stempels wechselnde Jahreszahlen

Buchstabe „W"

415 

VADSTENA (S), ab 1860; Stempel der Prüfungsbehörde

416 

VARBERG (S), ab 1860; Stempel der Prügungsbehörde

417 

VÄNERSBORG (S), ab 1860; Stempel der Prüfungsbehörde

418 

VÄSTERVIK (S), ab 1860;
Stempel der
Prüfungsbehörde

419 

VISBY (S), ab 1860;
Stempel der
Prüfungsbehörde

420 

VAXHOLM (S), ab 1860;
Stempel der
Prüfungsbehörde

421 

VÄXJÖ (S), ab 1860;
Stempel der
Prüfungsbehörde

422 

VIMMERBY (S), ab 1860;
Stempel der
Prüfungsbehörde

423 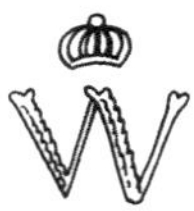

LILLE (F) – généralité,
1780—1789;
charge; Gegenstände aus
Gold 916/1000; große
Gegenstände aus Silber
958/1000

Buchstabe „X"

424 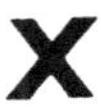

CHARKOW (SU),
ab 7. 5. 1958;
Stempel der
Prüfungsbehörde

425 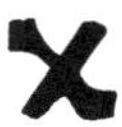

ASTRACHAN (SU) und
GEBIET VON TERSK (SU),
1908—1917;
NACHITSCHEWAN/DON
(SU), 1927—1946;
WILNJUS (SU),
1946—1958;
Stempel der
Prüfungsbehörden und
Punzierungsgebiete

426		ODESSA (SU), 1908—1958; Stempel des Punzierungsgebietes
427		NÎMES (F), zweite Hälfte d. 18. Jh.; décharge; Gegenstände aus Edelmetallen
428		AMIENS (F) – généralité, 1768—1774; charge; alle Gegenstände aus Edelmetallen
429		BRAGA (P), 1834—1863; Gegenstände aus Gold
430	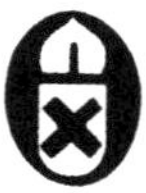	GUIMARÃES (P), 1874—1881; Gegenstände aus Gold
431		STRASBOURG (F), 1774—1780; charge; Gegenstände aus Gold 916/1000
432		SAINTES (F), 1768—1774; décharge; alle Gegenstände aus Edelmetallen
433		GUIMARÃES (P), 1842—1874; Gegenstände aus Gold
434	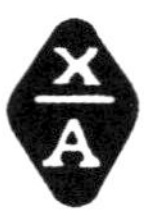	TOULOUSE (F) – généralité, 1768—1774; alle Gegenstände aus Edelmetallen
435	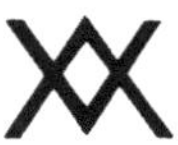	POLEN, ab 1963; Ungültigmachung des Stempels

	Buchstabe „Y“	
436	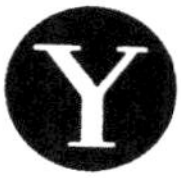	YSTAD (S), ab 1860; Stempel der Prüfungsbehörde
437	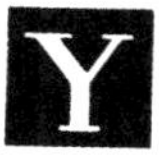	YTTERLÄNNAS (S), ab 1860; Stempel der Prüfungsbehörde
438		BOURGES (F) – généralité, 1768—1774; Gegenstände aus Gold 916/1000; Gegenstände aus Silber 958/1000
	Buchstabe „Z“	
439	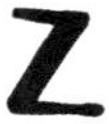	BAKU (SU), 1927—1958; Stempel der Behörde für das Punzierungsgebiet (Aserbaidshanische SSR)
440		GRENOBLE (F) – généralité, 1756—1762; Gegenstände aus Edelmetallen
441	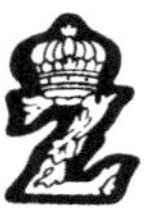	GRENOBLE (F), 1780—1791; charge; kleine Gegenstände aus Gold 833/1000; große Gegenstände aus Silber 951/1000
442	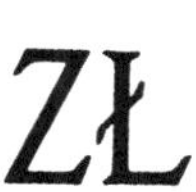	POLEN, 1920—1931; Goldbarren und Golddrähte; immer mit Feingehaltziffern
443	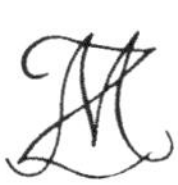	METZ (F), 1774—1780; charge; Gegenstände aus Gold 916/1000, kleine Gegenstände aus Silber 843/1000

444 

FRANKREICH, 1809—1819;
importierte kleine
Gegenstände

445 

AIX (F) – généralité,
1750—1756;
charge; alle Gegenstände
aus Edelmatellen

Zahlen

446 

WIEN (A), 1802;
Gegenstände aus Gold
326/1000

447 

ÖSTERREICHISCH-
-UNGARISCHE
MONARCHIE, 1807—1823;
Gegenstände aus Gold
326/1000

448 

NIEDERLANDE,
1864—1906;
Stempel für das Gewicht
der dem Gegenstand
beigefügten Teile;
1 = 2 — 5 g, 2 = 5 — 10 g,
3 = 10 — 15 g usw. bis
zur Zahl 20. Nr. 100
bedeutet mehrere
beigefügte Teile oder
das Gewicht 500 g

449 

BELGIEN, 1814—1830;
Gegenstände aus Gold
916/1000

450 

WIEN (A), 1802;
Gegenstände aus Gold
545/1000

451 

ÖSTERREICHISCH-
-UNGARISCHE
MONARCHIE,
1807—1823;
Gegenstände aus Gold
545/1000

452 

BELGIEN, 1814—1830;
Gegenstände aus Gold
833/1000

453 

WIEN (A), 1802;
Gegenstände aus Gold
767. 36/1000

454 

ÖSTERREICHISCH-
-UNGARISCHE
MONARCHIE,
1807—1823;
Gegenstände aus Gold
767.36/1000

455 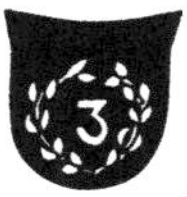

BELGIEN, 1814—1830;
Gegenstände aus Gold
750/1000

456 

LISSABON (P), 1887—1919;
exportierte Gegenstände
aus Gold 750/1000

457 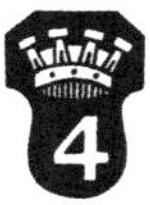

LISSABON (P), 1919—1938;
exportierte Gegenstände
aus Gold 750/1000

458 

BRAGA (P), 1887—1911;
GONDOMAR (P),
1913—1919;
exportierte Gegenstände
aus Gold 750/1000

459 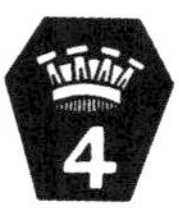

GONDOMAR (P),
1919—1938;
exportierte Gegenstände
aus Gold 750/1000

460 

PORTO (P), 1887—1919;
expcrtierte Gegenstände
aus Gold 750/1000

461		PORTO (P), 1919—1938; exportierte Gegenstände aus Gold 750/1000
462		LISSABON (P), 1887—1919; exportierte Gegenstände aus Gold 710/1000
463		LISSABON (P), 1919—1938; exportierte Gegenstände aus Gold 710/1000
464		BRAGA (P), 1887—1911; GONDOMAR (P), 1913—1919; exportierte Gegenstände aus Gold 710/1000
465		GONDOMAR (P), 1919—1938; exportierte Gegenstände aus Gold 710/1000
466		PORTO (P), 1887—1919; exportierte Gegenstände aus Gold 710/1000
467		PORTO (P), 1919—1938; exportierte Gegenstände aus Gold 710/1000
468		LISSABON (P), 1887—1919; exportierte Gegenstände aus Gold 670/1000
469		LISSABON (P), 1919—1938; exportierte Gegenstände aus Gold 670/1000

470 

BRAGA (P), 1887—1911;
GONDOMAR (P),
1913—1919;
exportierte Gegenstände
aus Gold 670/1000

471 

GONDOMAR (P),
1919—1938;
exportierte Gegenstände
aus Gold 670/1000

472 

PORTO (P), 1887—1919;
exportierte Gegenstände
aus Gold 670/1000

473 

PORTO (P), 1919—1938;
exportierte Gegenstände
aus Gold 670/1000

474 

UNGARN, 1937—1965;
Gegenstände aus Gold
250/1000

475 

LISSABON (P), 1887—1919;
exportierte Gegenstände
aus Gold 630/1000

476 

LISSABON (P), 1919—1938;
exportierte Gegenstände
aus Gold 630/1000

477 

BRAGA (P), 1887—1911;
GONDOMAR (P),
1913—1919;
exportierte Gegenstände
aus Gold 630/1000

478 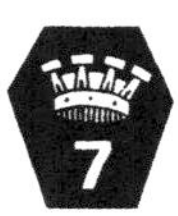

GONDOMAR (P),
1919—1938;
exportierte Gegenstände
aus Gold 630/1000

479

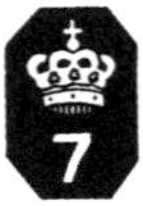

PORTO (P), 1887—1919;
exportierte Gegenstände
aus Gold 630/1000

480

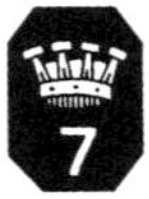

PORTO (P), 1919—1938;
exportierte Gegenstände
aus Gold 630/1000

481

LISSABON (P), 1887—1919;
exportierte Gegenstände
aus Gold 583/1000

482

LISSABON (P), 1919—1938;
exportierte Gegenstände
aus Gold 583/1000

483

BRAGA (P), 1887—1911;
GONDOMAR (P),
1913—1919;
exportierte Gegenstände
aus Gold 583/1000

484

GONDOMAR (P),
1919—1938;
exportierte Gegenstände
aus Gold 583/1000

485

PORTO (P), 1887—1919;
exportierte Gegenstände
aus Gold 583/1000

486

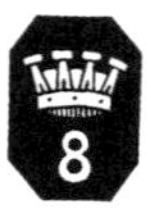

PORTO (P), 1919—1938;
exportierte Gegenstände
aus Gold 583/1000

487

LISSABON (P), 1887—1919;
exportierte Gegenstände
aus Gold 540/1000

488 

LISSABON (P), 1919—1938;
exportierte Gegenstände
aus Gold 540/1000

489 

BRAGA (P), 1887—1911;
GONDOMAR (P),
1913—1919;
exportierte Gegenstände
aus Gold 540/1000

490 

GONDOMAR (P),
1919—1938;
exportierte Gegenstände
aus Gold 540/1000

491 

PORTO (P), 1887—1919;
exportierte Gegenstände
aus Gold 540/1000

492 

PORTO (P), 1919—1938;
exportierte Gegenstände
aus Gold 540/1000

493 

GROSSBRITANNIEN,
ab 1854;
Gegenstände aus
9karätigem Gold
(374.99/1000)

494 

IRLAND, ab 1923;
Gegenstände aus
9karätigem Gold
(374.99/1000)

495 

GROSSBRITANNIEN,
ab 1904;
importierte Gegenstände
aus 9karätigem Gold
(374.99/1000)

496 

RENNES (F) – généralité,
1744—1750; charge
alle Gegenstände aus
Edelmetallen

497	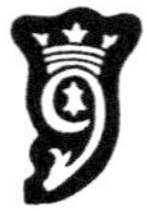	RENNES (F) – généralité, 1750—1756; Gegenstände aus Edelmetallen
498		RENNES (F) – généralité, 1756—1762; Gegenstände aus Edelmetallen
499	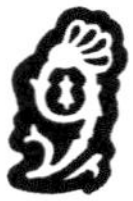	RENNES (F) – généralité, 1698—1703; Gegenstände aus Edelmetallen
500		RENNES (F) – généralité, 1732—1738; Gegenstände aus Edelmetallen
501		RENNES (F) – généralité, 1738—1744; Gegenstände aus Edelmetallen
502	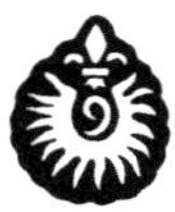	RENNES (F), 1721; charge; alle Gegenstände aus Edelmetallen
503		LISSABON (P), 1887—1919; exportierte Gegenstände aus Gold 500/1000
504		LISSABON (P), 1919—1938; exportierte Gegenstände aus Gold 500/1000
505		BRAGA (P), 1887—1911; GONDOMAR (P), 1913—1919; exportierte Gegenstände aus Gold 500/1000

506		GONDOMAR (P), 1919—1938; exportierte Gegenstände aus Gold 500/1000
507		PORTO (P), 1887—1919; exportierte Gegenstände aus Gold 500/1000
508		PORTO (P), 1919—1938; exportierte Gegenstände aus Gold 500/1000
509		LISSABON (P), 1887—1919; exportierte Gegenstände aus Gold 458/1000
510	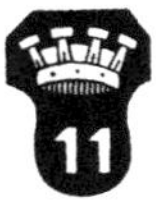	LISSABON (P), 1919—1938; exportierte Gegenstände aus Gold 458/1000
511		BRAGA (P), 1887—1911; GONDOMAR (P), 1913—1919; exportierte Gegenstände aus Gold 458/1000
512		GONDOMAR (P), 1919—1938; exportierte Gegenstände aus Gold 458/1000
513		PORTO (P), 1887—1919; exportierte Gegenstände aus Gold 458/1000
514	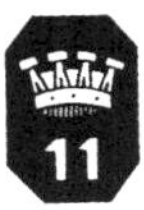	PORTO (P), 1919—1938; exportierte Gegenstände aus Gold 458/1000

515 

LISSABON (P), 1887—1919;
exportierte Gegenstände
aus Gold 417/1000

516 

LISSABON (P),
1919—1938;
exportierte Gegenstände
aus Gold 417/1000

517 

BRAGA (P), 1887—1911;
GONDOMAR (P),
1913—1919;
exportierte Gegenstände
aus Gold 417/1000

518 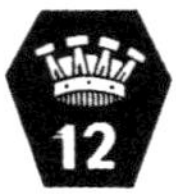

GONDOMAR (P),
1919—1938;
exportierte Gegenstände
aus Gold 417/1000

519 

PORTO (P), 1887—1919;
exportierte Gegenstände
aus Gold 417/1000

520 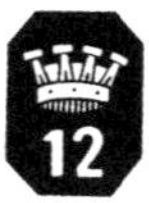

PORTO (P), 1919—1938;
exportierte Gegenstände
aus Gold 417/1000

521 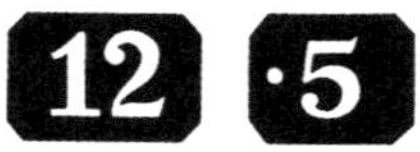

GROSSBRITANNIEN,
1854—1932;
Gegenstände aus
12karätigem Gold
(500/1000)

522 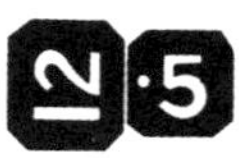

IRLAND, 1923—1935;
Gegenstände aus
12karätigem Gold
(500/1000)

523 

TUNESIEN, ab 1942;
Feingehaltsstempel der
„Probierer" (Prüfer),
durch deren Vermittlung
ein Gegenstand gekauft
wird

524 

LISSABON (P), 1887—1919; exportierte Gegenstände aus Gold 375/1000

525 

LISSABON (P), 1919—1938; exportierte Gegenstände aus Gold 375/1000

526 

BRAGA (P), 1887—1911; GONDOMAR (P), 1913—1919; exportierte Gegenstände aus Gold 375/1000

527 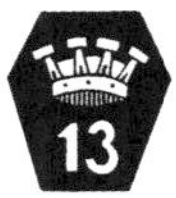

GONDOMAR (P), 1919—1938; exportierte Gegenstände aus Gold 375/1000

528 

PORTO (P), 1887—1919; exportierte Gegenstände aus Gold 375/1000

529 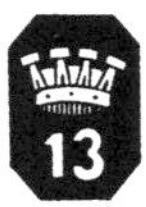

PORTO (P), 1919—1938; exportierte Gegenstände aus Gold 375/1000

530 

LISSABON (P), 1887—1919; exportierte Gegenstände aus Gold 333/1000

531 

LISSABON (P), 1919—1938; exportierte Gegenstände aus Gold 333/1000

532 

BRAGA (P), 1887—1911; GONDOMAR (P), 1913—1919; exportierte Gegenstände aus Gold 333/1000

533		GONDOMAR (P), 1919—1938; exportierte Gegenstände aus Gold 333/1000
534		PORTO (P), 1887—1919; exportierte Gegenstände aus Gold 333/1000
535		PORTO (P), 1919—1938; exportierte Gegenstände aus Gold 333/1000
536	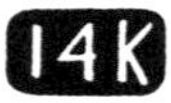	DÄNEMARK, ab 1800; Gegenstände aus 14karätigem Gold (583 . 3/1000)
537		GROSSBRITANNIEN, ab 1932; Gegenstände aus 14karätigem Gold (583 . 3/1000)
538		IRLAND, ab 1932 (DUBLIN ab März 1935); Gegenstände aus 14karätigem Gold (583 . 3/1000)
539		GROSSBRITANNIEN, ab 1904; importierte Gegenstände aus 14karätigem Gold (583 . 3/1000)
540		IRLAND, ab 1923; importierte Gegenstände aus 14karätigem Gold (583.3/1000)
541	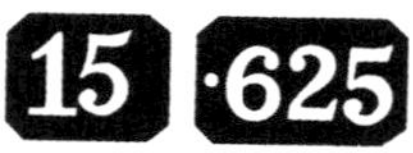	GROSSBRITANNIEN, 1854—1932; Gegenstände aus 15karätigem Gold (624.3/1000)
542	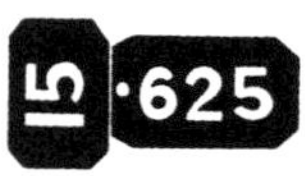	IRLAND, 1923—1935; Gegenstände aus 15karätigem Gold (624.5/1000)

543 

TUNESIEN, 1856—1905; große Gegenstände aus Gold 667/1000

544 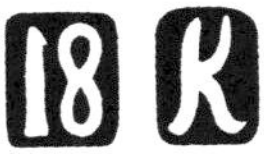

DÄNEMARK, ab 1800; Feingehaltsstempel für 18karätiges Gold (750/1000)

545 

GROSSBRITANNIEN, ab 1904; importierte Gegenstände aus 18karätigem Gold (750/1000)

546 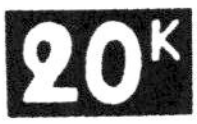

BALEAREN (E), 1771—1934; Feingehaltsstempel für 20karätiges Gold (833.3/1000)

547 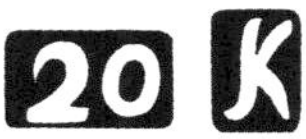

DÄNEMARK, ab 1700; Feingehaltsstempel für 20karätiges Gold (833.3/1000)

548 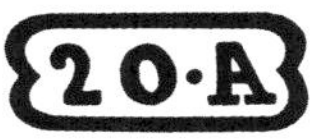

ÖSTERREICHISCH-UNGARISCHE MONARCHIE, 1806—1807; große Gegenstände aus Gold; der Repunzierungsstempel bestätigt die Entrichtung einer Sondergebühr. In den Jahren 1806—1824 neben dem Amtsstempel auf neuen Gegenständen. Bedeutung der Buchstaben siehe Nr. 1696

549 

NIEDERLANDE, 1865—1906; Gewicht von Kettchen aus Edelmetallen

550 

BALEAREN (E), 1771—1934; Feingehaltsstempel für 22karätiges Gold (916.6/1000)

551 

GROSSBRITANNIEN, ab 1904; importierte Gegenstände aus 22karätigem Gold (916.6/1000)

552 

MARRAKESCH (MA), vor **1925**; Gegenstände aus Gold **916/1000**

553 

FINNLAND, ab **1968**; Feingehaltsstempel für Gold (in Tausendsteln)

554 

FINNLAND, **1810—1968**; Feingehaltsstempel für Gold (in Tausendsteln)

555 

NIEDERLANDE, ab **1955**; importierte Gegenstände aus Gold **585/1000**

556 

FINNLAND, ab **1968**; Feingehaltsstempel für Gold (in Tausendsteln)

557 

FINNLAND, **1810—1968**; Feingehaltsstempel für Gold (in Tausendsteln)

558 

NIEDERLANDE, ab **1955**; importierte Gegenstände aus Gold **750/1000**

559 

FINNLAND, **1810—1968**; Feingehaltsstempel für Gold (in Tausendsteln)

560 

NIEDERLANDE, ab **1955**; importierte Gegenstände aus Gold **833/1000**

561 

JAPAN, ab **1929**; Feingehaltsstempel (in Tausendsteln)

562 

FINNLAND, **1810—1968**; Feingehaltsstempel für Gold (in Tausendsteln)

563

FINNLAND, ab 1968;
Feingehaltsstempel für
Gold (in Tausendsteln)

564

FINNLAND, 1810—1968;
Feingehaltsstempel für
Gold (in Tausendsteln)

Menschliche Figuren

565

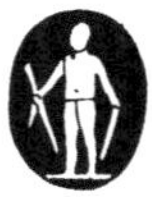

's HERTOGENBOSCH (NL),
1807—1812;
Stempel der
Prüfungsbehörde

566

BAILEÁTHA CLIATH
(Dublin) (EIR); ab 1673 (?);
Stempel der
Prüfungsbehörde;
verschiedene Varianten
des Schildchens. Wird
heute auf dem ganzen
Gebiet der Republik Irland
verwendet

567

FRANKREICH –
Départements, 1798—1809;
sog. Garantie für große
Gegenstände aus Gold und
Gegenstände aus Silber

568

FRANKREICH –
Départements, 1798—1809;
sog. Garantie für mittelgroße
Gegenstände aus Gold
und Gegenstände aus Silber

569

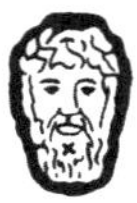

FRANKREICH, ab 1927;
aus dem sog.
vertragsgebundenen
Ausland importierte
Gegenstände aus Platin

570

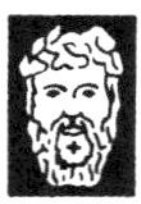

FRANKREICH, ab 1927;
aus dem sog.
nichtvertragsgebundenen
Ausland importierte
Gegenstände aus Platin

571 

SAINT-QUENTIN (F), 1768—1774;
contremarque;
Gegenstände aus Gold 916/1000; Gegenstände aus Silber 958/1000

572 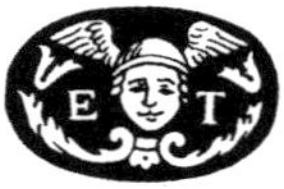

FRANKREICH, 1798—1809;
importierte Gegenstände.
Im Jahre 1806 auch recense für angegliederte Gebiete

573 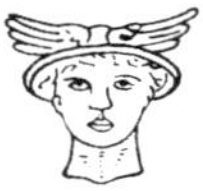

TUNESIEN, ab 1942;
exportierte Gegenstände aus Edelmetallen

574 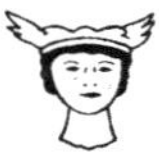

TUNESIEN, 1917—1940;
exportierte Gegenstände aus Edelmetallen

575 

LIESSE (F), 1768—1774;
Contremarque;
Gegenstände aus Gold 916/1000;
Gegenstände aus Silber 958/1000

576 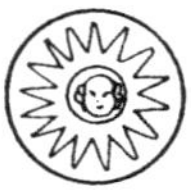

PARIS (F), 1722—1726;
décharge; Gegenstände aus Edelmetallen mit gesetzlich festgelegtem Feingehalt

577 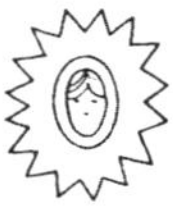

PARIS (F), 1722—1726;
décharge; Gegenstände aus Gold 916/1000;
Gegenstände aus Silber 958/1000

578 

FRANKREICH – Départements;
1. 9. — 31. 10. 1809;
sog. recense générale;
große Gegenstände

579 

ROUEN (F), 1780—1791;
décharge; Gegenstände aus Gold 916/1000;
kleine Gegenstände aus Silber 843/1000

580 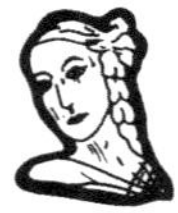

CALAIS (F), 1768—1774; contremarque; Gegenstände aus Gold 916/1000; Gegenstände aus Silber 958/1000

581 

SENS (F), 1768—1774; décharge; Gegenstände aus Gold 916/1000; Gegenstände aus Silber 958/1000

582 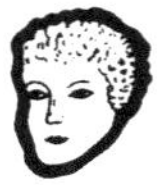

BLOIS (F), 1768—1774; décharge; Gegenstände aus Gold 916/1000; Gegenstände aus Silber 958/1000

583 

DIJON (F), 1780—1791; décharge; Gegenstände aus Gold 916/1000; kleine Gegenstände aus Silber

584 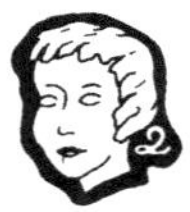

PARIS (F), 1797; Gegenstände aus Gold 843/1000

585 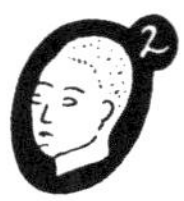

PARIS (F), 1794—1797; Gegenstände aus Gold 843/1000

586 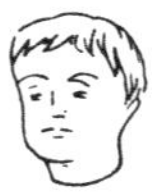

METZ (F), 1774—1780; décharge; Gegenstände aus Gold 916/1000; kleine Gegenstände aus Silber 843/1000

587 

METZ (F) – généralité, 1774—1780; Gegenstände aus Gold 916/1000; kleine Gegenstände aus Silber 958/1000

588 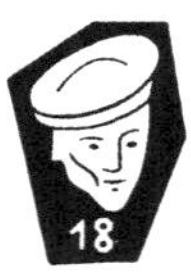

UNGARN, ab 1965; Gegenstände aus Gold 750/1000

589 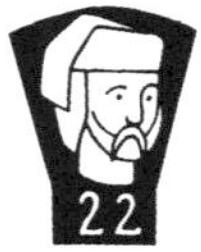

UNGARN, ab 1965;
Gegenstände aus Gold
916/1000

590 

ÖSTERREICHISCH-
-UNGARISCHE
MONARCHIE, 1866—1872;
Gegenstände aus Gold
920/1000

591 

ÖSTERREICHISCH-
-UNGARISCHE
MONARCHIE, 1866—1872;
Gegenstände aus Gold
840/1000

592 

ÖSTERREICHISCH-
-UNGARISCHE
MONARCHIE, 1866—1872;
Gegenstände aus Gold
750/1000

593 

ÖSTERREICHISCH-
-UNGARISCHE
MONARCHIE, 1866—1872;
Gegenstände aus Gold
580/1000

594 

ÖSTERREICHISCH-
-UNGARISCHE
MONARCHIE, 1872—1922;
Gegenstände aus Gold
920/1000; * = Buchstabe
des Punzamtes:

A – Wien (A)
B – Linz (A)
C – Prag (Praha) (CS)
D – Brünn (Brno) (CS)
E – Krakau (Kraków) (PL)
F – Lwow (SU)
G – Graz (A)
H – Bregenz (A)
K – Klagenfurt (A)
L – Laibach (Ljubljana) (YU)
M – Triest (Trieste) (I)
P – Pest (H)
R – Kaschau (Košice) (CS)
T – Temesvar (Timişoara) (R)
U – Karlsburg (Alba Julia) (R)
V – Agram (Zagreb) (YU)

595 

ÖSTERREICHISCH-
-UNGARISCHE
MONARCHIE, 1872—1922; Gegenstände aus Gold 840/1000; * = Bedeutung des Buchstaben im Stempel siehe Nr. 594

596 

ÖSTERREICHISCH-
-UNGARISCHE
MONARCHIE, 1872—1922; Gegenstände aus Gold 750/1000; * = Bedeutung des Buchstaben im Stempel siehe Nr. 594

597 

ÖSTERREICHISCH-
-UNGARISCHE
MONARCHIE, 1872—1922; Gegenstände aus Gold 580/1000; * = Bedeutung des Buchstaben im Stempel siehe Nr. 594

598 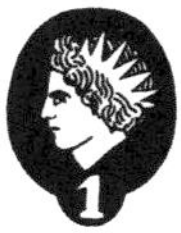

599 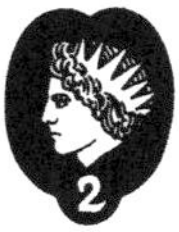

UNGARN, 1937—1965; große Gegenstände aus Gold 986 und 900/1000

600 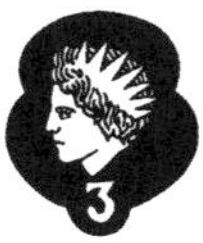

601 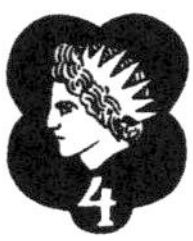

UNGARN, 1937—1965; große Gegenstände aus Gold 750 und 585/1000

602 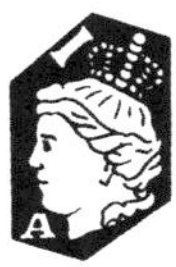

JUGOSLAWIEN, 1882—1922; größere Gegenstände aus Gold 750/1000; gilt für das Gebiet des ehemaligen Königreichs Serbien

603 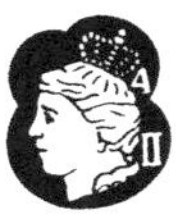

JUGOSLAWIEN, 1882—1922; größere Gegenstände aus Gold 583/1000; gilt für das Gebiet des ehemaligen Königreichs Serbien

604

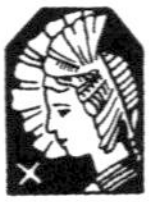

SCHWEIZ, ab 1934; große exportierte Gegenstände; x = Bedeutung des Buchstaben im Stempel siehe Nr. 613

605

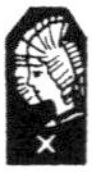

SCHWEIZ, ab 1934: kleine exportierte Gegenstände; x = Bedeutung des Buchstaben im Stempel siehe Nr. 613

606

LETTLAND, 1919—1939; Stempel für freie Teile eines Gegenstandes aus Gold

607

LETTLAND, 1919—1939; Ketten und Kettenarmbänder aus Gold

608

LETTLAND, 1919—1939; Gegenstände aus Gold; die Zahl gibt den Feingehalt an

609

LETTLAND, 1919—1939; importierte Gegenstände aus Gold; die Zahl gibt den Feingehalt an

610

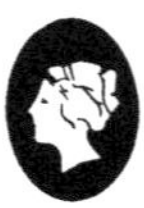

GROSSBRITANNIEN, 1837—1890; sog. duty mark (Kopf der Königin Viktoria)

611 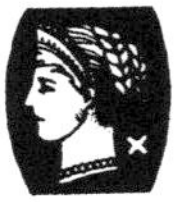

612 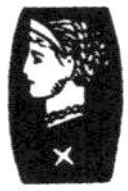

SCHWEIZ, 1893—1934;
größere und kleinere
Gegenstände aus
Gold 750/1000;
x = Buchstabe der
Kontrollbehörde:
+ – Bern
B – Biel (Bienne)
C – La Chaux-de-Fonds
D – Delsberg (Délémont)
F – Fleurier
G – Genf
g – Grenchen (Granges-
-Soleure)
L – Le Locle
N – Neuchâtel (Neuenburg)
n – Le Noirmont
P – Pruntrut (Porrentruy)
I – St. Immer (Saint-Imier)
S – Schaffhausen
T – Tramlingen (Tramelan)

613 

614 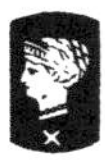

SCHWEIZ, ab 1934; große
und kleine Gegenstände aus
Gold 750/1000;
x = Buchstabe der
Kontrollbehörde:
* – Basel (Bâle)
+ – Bern
B – Biel (Bienne)
b – Buchs
C – La Chaux-de-Fonds
D – Delsberg (Délémont)
F – Fleurier
G – Genf (Genève)
g – Grenchen
(Granges-Soleure)
L – Le Locle
N – Neuenburg (Neuchâtel)
n – Le Noirmont
P – Pruntrut
(Porrentruy)
I – St. Immer
(Saint-Imier)
R – Romanshorn
S – Schaffhausen
T – Tramlingen
(Tramelan)
t – Chiasso
Z – Zürich

615		SCHWEIZ, 1882—1892; Gegenstände aus Gold 750/1000
616 617	 	ITALIEN, 1872—1935; größere und kleinere Gegenstände aus Gold 750/1000
618		LITAUEN, 1919—1939; Gold-Feingehalte 960, 855, 750 und 585/1000
619	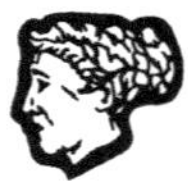	PARIS (F), 1780—1783; décharge; kleine Gegenstände aus Gold 916/1000
620	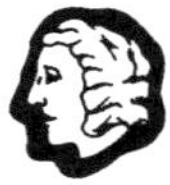	AMIENS (F), 1768—1774; décharge; Gegenstände aus Gold 916/1000; Gegenstände aus Silber 958/1000
621	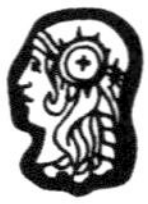	FRANKREICH, ab 1912; exportierte Gegenstände aus Platin
622	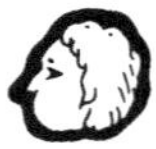	SOISSONS (F), 1768—1774; contremarque; Gegenstände aus Gold 916/1000; Gegenstände aus Silber 958/1000
623		KIEW (SU), 1896—1908; Stempel der Prüfungsstelle der Gebietsverwaltung mit Monogramm des Prüfungsinspektors
624		KOSTROMA (SU), 1896—1905; Stempel der Prüfungsstelle der Gebietsverwaltung mit Monogramm des Prüfungsinspektors

625 

KASAN (SU), 1896—1908; Stempel der Prüfungsstelle der Gebietsverwaltung mit Monogramm des Prüfungsinspektors

626 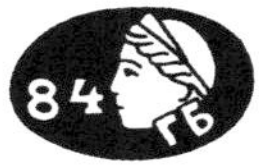

KOSTROMA (SU), 1896—1905; Stempel der Prüfungsstelle der Gebietsverwaltung mit Monogramm des Prüfungsinspektors

627 

MOSKAU (SU), 1896—1908; Stempel der Prüfungsstelle der Gebietsverwaltung mit Monogramm des Prüfungsinspektors

628 

LENINGRAD (SU), 1896—1908; Stempel der Prüfungsstelle der Gebietsverwaltung mit Monogramm des Prüfungsinspektors

629 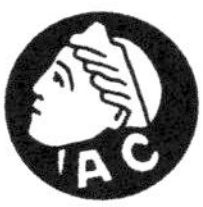

KOSTROMA (SU), 1896—1908; Stempel der Prüfungsstelle der Gebietsverwaltung mit Monogramm des Prüfungsinspektors

630 

KOSTROMA (SU), 1896—1908; Stempel der Prüfungsstelle der Gebietsverwaltung mit Monogramm des Prüfungsinspektors

631 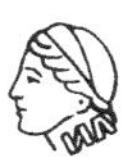

KASAN (SU), 1896—1908; Stempel der Prüfungsstelle der Gebietsverwaltung mit Monogramm des Prüfungsinspektors

632 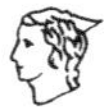

FRANKREICH, 1840—1879; kleine Gegenstände für den Export

633 

FRANKREICH, 1. 4. 1879—8. 5. 1910; exportierte kleine Gegenstände aus Gold; garantiert nur das gesetzlich festgelegte Feingehaltsminimum 750/1000

634
635
636 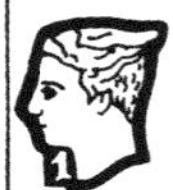 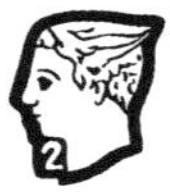 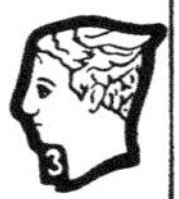

FRANKREICH, 1. 4. 1879—8. 5. 1910; exportierte Gegenstände aus Gold 920, 840 und 750/1000. Stempel mit Nr. 1 wurde bis 5. 12. 1912 benutzt

637 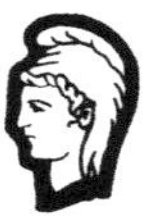

FRANKREICH – Départements, 9. 11. 1797—August 1798; sog. recense générale für große Gegenstände

638 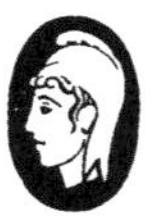

PARIS (F), 9. 11. 1797—August 1798; sog. recense für kleine Gegenstände aus Gold und Silber

639 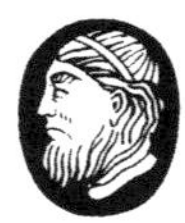

PARIS (F), 1819—1839; sog. Garantie für große Gegenstände aus Gold

640 

PARIS (F), 1. 9.—31. 10. 1809 sog. recense für große Gegenstände aus Gold und Silber

641
642  

TUNESIEN, 20. 9. 1917—11. 12. 1940; große Gegenstände aus Gold 840 und 750/1000

643 

644 

TUNESIEN,
20. 9. 1917—11. 12. 1940;
große Gegenstände aus
Gold 583 und 375/1000

645 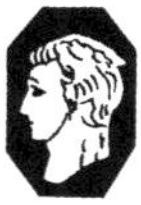

FRANKREICH.
1840—1879;
exportierte große
Gegenstände aus
Edelmetallen

646 

647 

ITALIEN, 1872—1935;
größere und kleinere
Gegenstände aus Gold
900/1000

648 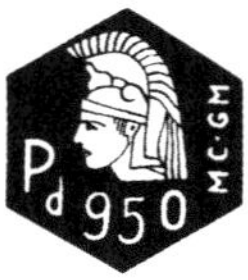

BELGIEN,
derzeitiger Stempel der
belgischen Hersteller von
Palladium 950/1000

649 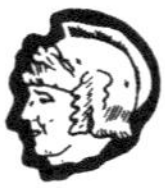

ORLÉANS (F) – généralité
und MOULINS (F),
1780—1791;
décharge; Gegenstände aus
Gold 916/1000 und kleine
Gegenstände aus Silber

650 

PARIS (F), 1768—1774;
décharge; Gegenstände aus
Gold 916/1000; mittelgroße
Gegenstände aus Silber
958/1000

651 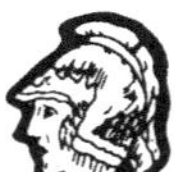

PARIS (F), 1780—1783;
décharge; Gegenstände aus
Gold 916/1000; kleine
Gegenstände aus Silber
843/1000

652 

TUNESIEN,
1940—25. 6. 1942;
recense

653

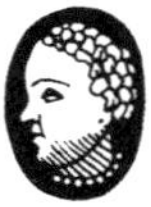

PARIS (F), 1819—1838; importierte kleine Gegenstände aus Gold und Silber

654

NOYON (F), 1768—1774; contremarque; Gegenstände aus Gold 916/1000; Gegenstände aus Silber 958/1000

655

ORLÉANS (F), 1768—1774; décharge; kleine Gegenstände aus Gold 916/1000; kleine Gegenstände aus Silber 958/1000

656

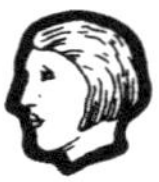

TROYES (F), 1768—1774; contremarque; Gegenstände aus Gold 916/1000; Gegenstände aus Silber 958/1000

657

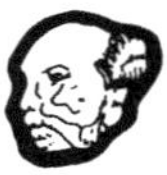

AMIENS (F) – généralité; SOISSONS (F) – généralité, 1774—1778; décharge; Gegenstände aus Gold 916/1000; mittelgroße Gegenstände aus Silber 958/1000

658

CHÂLONS-SUR-MARNE (F), 1780—1791; décharge; Gegenstände aus Gold 916/1000; kleine Gegenstände aus Silber 958/1000

659

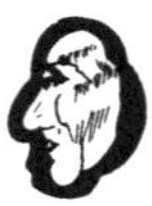

BORDEAUX (F) – généralité, 1774—1780; décharge; Gegenstände aus Gold 916/1000; kleine Gegenstände aus Silber 958/1000

660

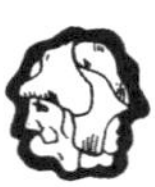

LE MANS (F), 1770; contremarque; Erzeugnisse aus Edelmetallen

661 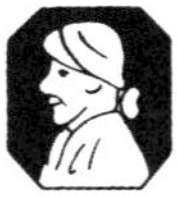

ROM (I), 1815—1817;
Gegenstände aus Gold

662 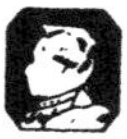

GROSSBRITANNIEN, 1784—1786;
sog. duty mark (Kopf des Königs Georg III.)

663 

PORTO (P), ab 1886;
alte Gegenstände aus Gold und Silber; minim. 750/1000 oder Kunstgegenstände minim. 333/1000

664 

GONDOMAR (P), 1886—1913;
alte Gegenstände aus Gold und Silber; minim. 750/1000 Kunstgegenstände minim. 333/1000

665 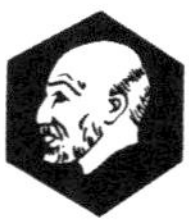

BRAGA (P), 1886—1911;
alte Gegenstände aus Gold und Silber; minim. 750/1000 oder Kunstgegenstände minim. 333/1000

666 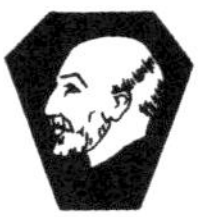

GONDOMAR (P), 1913—1938;
alte Gegenstände aus Gold und Silber; minim. 750/1000 oder Kunstgegenstände minim. 333/1000

667 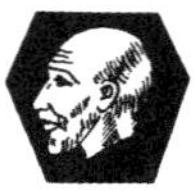

GONDOMAR (P), ab 1938;
alte Gegenstände aus Gold und Silber; minim. 750/1000 oder Kunstgegenstände minim. 333/1000

668 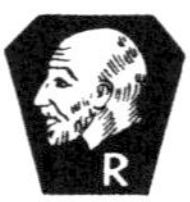

GONDOMAR (P), ab 1938;
Uhren aus Gold

669 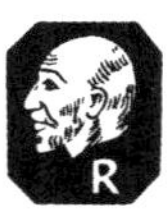

PORTO (P), ab 1938;
Uhren aus Gold

670 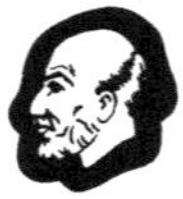

LISSABON (P), ab 1886;
alte Gegenstände aus Gold und Silber; minim. 750/1000 oder Kunstgegenstände minim. 333/1000

671 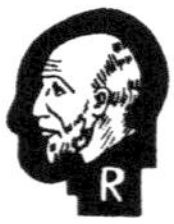

LISSABON (P), ab 1938;
Uhren aus Gold

672 

POLEN, ab 1963;
zusätzlicher Stempel für Gegenstände aus Gold

673 

POLEN, ab 1963;
Gegenstände aus Gold 960/1000

674 

POLEN, ab 1963;
Gegenstände aus Gold 750/1000

675 

POLEN; ab 1963;
Gegenstände aus Gold 583/1000

676 

POLEN, ab 1963;
Gegenstände aus Gold 500/1000

677 

POLEN, ab 1963;
Gegenstände aus Gold 375/1000

678
679  

TSCHECHOSLOWAKEI,
1. 1. 1944—25. 1. 1949;
größere Gegenstände aus Gold 986 und 900/1000; nur für das Gebiet der Slowakei gültig

680 

681 

TSCHECHOSLOWAKEI, 1. 1. 1944—25. 1. 1949; größere Gegenstände aus Gold 750 und 585/1000; nur für das Gebiet der Slowakei gültig

682 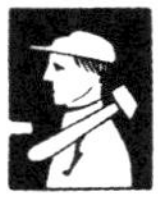

RUMÄNIEN, ab 1955; Gegenstände aus Gold 958/1000

683 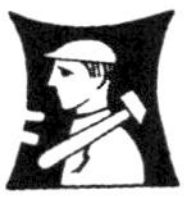

RUMÄNIEN, ab 1955; zahnärztliches Gold 916/1000

684 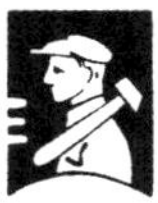

RUMÄNIEN, ab 1955; Gegenstände aus Gold 900/1000

685 

RUMÄNIEN, ab 1955; Gegenstände aus Gold 750/1000

686 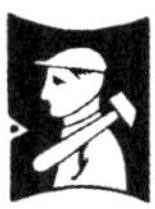

RUMÄNIEN, ab 1955; zahnärztliches Gold 833/1000

687 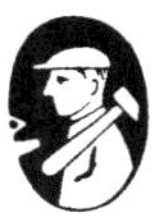

RUMÄNIEN, ab 1955; Gegenstände aus Gold 850/1000

688 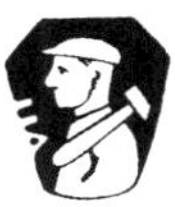

RUMÄNIEN, ab 1955; Gegenstände aus Gold 583/1000

689 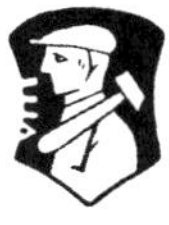

RUMÄNIEN, ab 1955; Gegenstände aus Gold 500/1000

690 

RUMÄNIEN, ab 1955;
Gegenstände aus Gold
375/1000

691 

RUMÄNIEN, ab 1955;
zahnärztliches Gold 688/1000

692 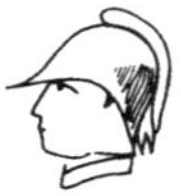

VERSAILLES (F),
1780—1791;
décharge; Gegenstände aus
Gold 916/1000;
kleine Gegenstände aus
Silber 843/1000

693 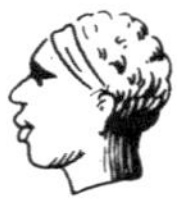

POITIERS (F), 1780—1791;
décharge; Gegenstände aus
Gold 916/1000; kleine
Gegenstände aus Silber
843/1000

694 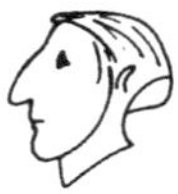

PARIS (F), 1782;
décharge; Gegenstände aus
Gold 916/1000; kleine
Gegenstände aus Silber
958/1000

695 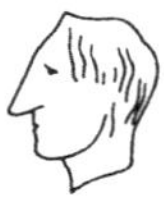

PARIS (F), 1756—1762;
décharge; Gegenstände aus
Gold 916/1000; mittelgroße
Gegenstände aus Silber
958/1000

696 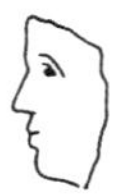

BORDEAUX (F),
1774—1780;
décharge; Gegenstände aus
Gold 916/1000; kleine
Gegenstände aus Silber
843/1000

697 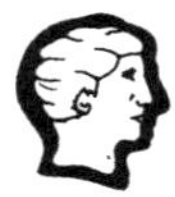

REIMS (F), 1768—1774;
décharge; alle Gegenstände
aus Edelmetallen

698 

MEAUX (F), 1768—1774;
décharge; Gegenstände aus
Gold 916/1000;
Gegenstände aus Silber
958/1000

699 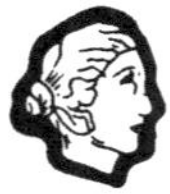

BOULOGNE (F) 1768—1774; contremarque; Gegenstände aus Gold 916/1000; Gegenstände aus Silber 958/1000

700 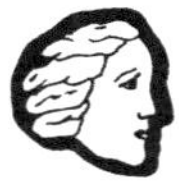

COMPIÈGNE (F), 1768—1774; contremarque; Gegenstände aus Gold 916/1000; Gegenstände aus Silber 958/1000

701 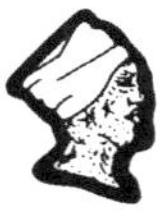

LA ROCHELLE (F), 18. Jh.; décharge; Gegenstände aus aus Edelmetallen

702 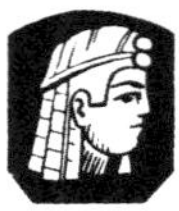

PARIS (F), 1819—1838; importierte große Gegenstände aus Gold und Silber

703 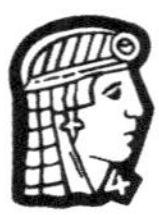

FRANKREICH, ab 1. 6. 1884; Uhrgehäuse aus Gold für den Export 583/1000; immer mit Stempel Nr. 126

704 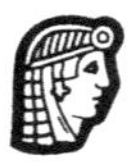

FRANKREICH (F), ab 1. 6. 1884; kleine Uhrgehäuse für den Export 583/1000; immer mit Stempel Nr. 126

705 

RUSSLAND, 1908—1917; unbedeutende Teile oder Verzierungen eines Gegenstandes; nur mit Amtsstempel gültig

706 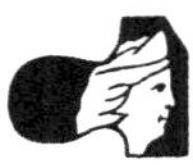

RUSSLAND, 1908—1917; Gegenstände mit nicht durch Gesetz bestimmtem Feingehalt, jedoch von historischem oder künstlerischem Wert

707

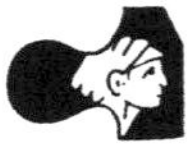

UdSSR, 1927—1958;
Gegenstände mit nicht durch Gesetz bestimmtem Feingehalt, jedoch von historischem oder künstlerischem Wert

708

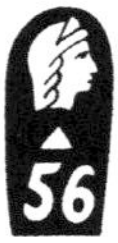

RUSSLAND, 1908—1917;
importierte Gegenstände; die Zahl bedeutet den Feingehalt

709

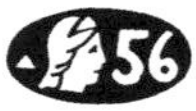

RUSSLAND, 1908—1917;
für Gegenstände aus Edelmetallen mit einem Gewicht von über 8,5 g (2 Solotniky)

710

RUSSLAND, 1908—1917;
Gegenstände aus Edelmetallen mit einem Gewicht von unter 8,5 g (2 Solotniky)

711

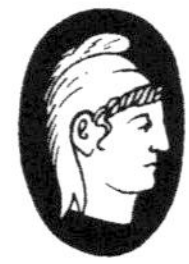

PARIS (F),
9. 11. 1797—August 1798;
sog. recense für große Gegenstände aus Gold und Silber

712

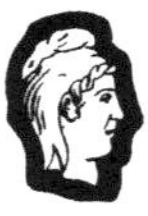

FRANKREICH – Départements,
9. 11. 1797—August 1798;
sog. recense générale; für kleine Gegenstände

713

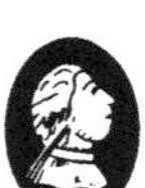

GROSSBRITANNIEN,
1786—1820;
sog. duty mark (Kopf des Königs Georg III.)

714

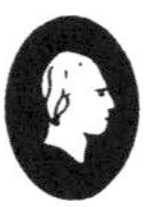

GROSSBRITANNIEN,
1830—1837;
sog. duty mark (Kopf des Königs Wilhelm IV.)

715 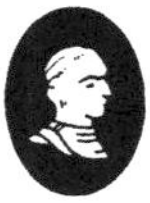

GROSSBRITANNIEN,
1820—1830;
sog. duty mark (Kopf des Königs Georg IV.)

716 

JUGOSLAWIEN,
1922—1933;
große Gegenstände aus Gold 583/1000

717 

718 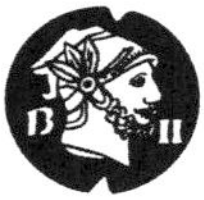

JUGOSLAWIEN, ab 1933;
große Gegenstände aus Gold 950 und 840/1000

719 

720 

JUGOSLAWIEN, ab 1933;
große Gegenstände aus Gold 750 und 583/1000

721 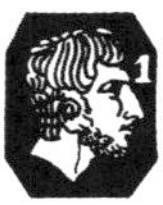

722 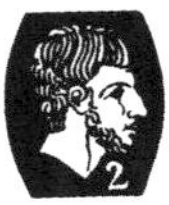

723 

FRANKREICH, 1838—1919;
größere Gegenstände aus Gold 920, 840 und 750/1000

724 

FRANKREICH – Départments; 1819—1838;
sog. Garantie für große Gegenstände aus Gold
(12 bedeutet die Behörde in Marseille)

725 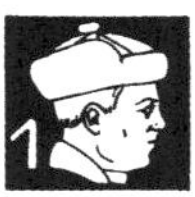

726 

TSCHECHOSLOWAKEI,
1921—1928;
größere Gegenstände aus Gold 920 und 840/1000

727 

728 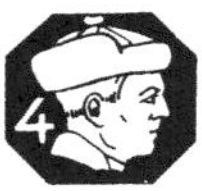

TSCHECHOSLOWAKEI,
1921—1928;
größere Gegenstände aus Gold 750 und 580/1000

729 

POLEN, 1920;
recense-Stempel für Gegenstände russischer oder österreichisch-ungarischer Herkunft

730 

POLEN, 1920—1963;
auf zweitklassigen Teilen aus Gold importierter Armbänder

731 

POLEN, 1920—1931;
auf zweitklassigen Teilen von Schmuckstücken aus Gold

732 

POLEN, 1920—1931;
auf zweitklassigen Teilen von Goldketten

733 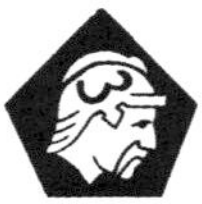

POLEN, 1920—1931;
Kettchen und Armbänder aus Gold; die Zahl gibt das Gewicht in Gramm an

734 

735 

736 

POLEN, 1920—1931;
Gegenstände aus Gold mit einem Gewicht von weniger als 10 g; 960, 750 und 583/1000

737 

738 

739 

POLEN, 1920—1931;
Gegenstände aus Gold mit einem Gewicht von über 10 g; 960, 750 und 583/1000; + = Bedeutung des Buchstabens im Stempel siehe Nr. 742

740 

741 

POLEN, 1931—1963;
Gegenstände aus Gold 960 und 750/1000;
Bedeutung des Buchstaben im Stempel siehe Nr. 742

742 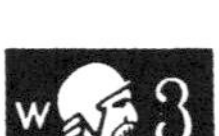

743 

POLEN, 1931—1963;
Gegenstände aus Gold 583 und 375/1000;
Bedeutung des Buchstaben im Stempel:
(Gültig bis 1939)
W – Warschau
L – Lwow (Lemberg)
K – Krakau (Kraków)
V – Vilno (Wilna)

744 

745 

POLEN, 1920—1931; importierte Schmuckstücke aus Gold 750 und 583/1000

746 

747 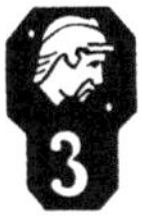

POLEN, 1920—1931; importierte Uhren und Uhrgehäuse aus Gold 750 und 583/1000

748 

POLEN, 1931—1963; Uhrgehäuse aus Gold 750/1000; Bedeutung des Buchstaben im Stempel siehe Nr. 742

749 

POLEN, 1931—1963; Uhrgehäuse aus Gold 583/1000; Bedeutung des Buchstaben im Stempel siehe Nr. 742

750 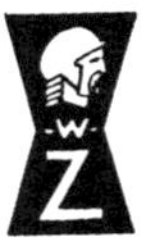

POLEN, 1931—1963; importierte Gegenstände aus Gold; Bedeutung des kleinen Buchstaben siehe Nr. 742

751 

UdSSR, 1927—1958; unbedeutende Teile oder Verzierungen von Gegenständen aus Edelmetallen

752 

UdSSR, 1927—1958; Gegenstände aus Edelmetallen mit einem Gewicht von über 10 g

753 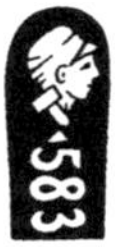

UdSSR, 1927—1958; importierte Gegenstände aus Edelmetallen

754 

UdSSR, 1927—1958; Gegenstände aus Edelmetallen mit einem Gewicht unter 10 g

755 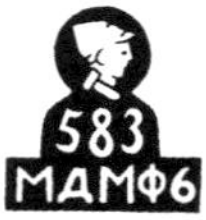

MOSKAU (SU), 1954—1958; in der Münzstätte in Moskau verfertigte Uhren (583 = Feingehalt in Tausendsteln; 6 = letzte Ziffer der Jahreszahl)

756 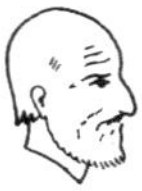

AMIENS (F), 1774—1780; décharge; Gegenstände aus Gold 916/1000; kleine Gegenstände aus Silber 843/1000

757 

SENLIS (F), 1768—1774; charge; Gegenstände aus Gold 916/1000; mittelgroße Gegenstände aus Silber 958/1000

758 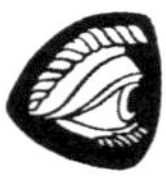

FRANKREICH – Départements; 1. 9.—31. 10. 1809; sog. recense générale; kleine Gegenstände

759 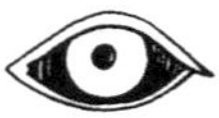

FRANKREICH, 1783—1789; décharge; kleine Gegenstände aus Edelmetallen

760 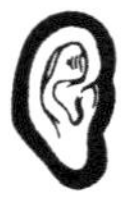

PARIS (F), 1. 9.—31. 10. 1809; sog. recense für mittelgroße Gegenstände aus Gold und Silber

761 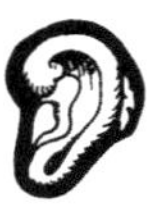

TOURS (F), 1780—1791; décharge; Gegenstände aus Gold 916/1000 und kleine Gegenstände aus Silber

762 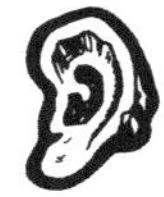
LYON (F), 1774—1780; décharge; Gegenstände aus Gold 916/1000; kleine Gegenstände aus Silber 958/1000

763 

FRANKREICH – Départements, 1809—1819; sog. garantie für große Gegenstände aus Gold (36 = Behörde in Bordeaux)

764 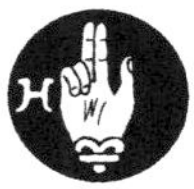

ITALIEN, 1810—1815; sog. garantie für Gegenstände aus Gold (H = Rom)

765 
MONTPELLIER (F), 1762—1768; charge; Gegenstände aus Gold 916 und 843/1000; Gegenstände aus Silber 958/1000

766 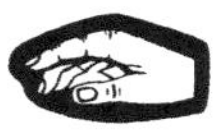
PARIS (F), 1. 9.—31. 10. 1809; sog. recense für kleine Gegenstände aus Gold und Silber

767 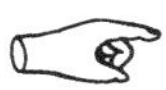
PARIS (F), Juni 1845—Oktober 1860; in der Pariser Münzstätte hergestellte (für den Inlandbedarf bestimmte) Medaillen aus Edelmetallen

768 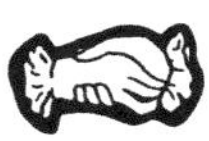
FRANKREICH, 1780; contremarque; für alle Gegenstände aus Edelmetallen, die in Läden verkauft wurden

769 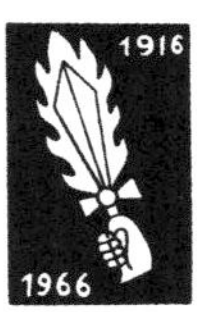

IRLAND, 1966; sog. Jubiläumsstempel für Gegenstände aus Edelmetallen

770 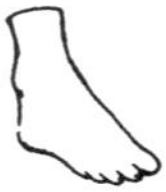

FRANKREICH, 1774—1780; importierte Gegenstände aus Edelmetallen ohne sog. Garantie des Feingehaltes

771 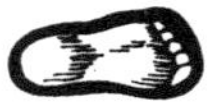

BAYONNE (F) – généralité und AUCH (F) – généralité, 1774—1780; décharge; Gegenstände aus Gold 916/1000; kleine Gegenstände aus Silber 958/1000

Säugetiere

772 

FRANKREICH – Départements, 1819—1838; Gegenstände aus Gold 750/1000

773 

PARIS (F), 1819—1838; Gegenstände aus Gold 840/1000

774 

BELGIEN, 1831—1868; Gegenstände aus Gold 920/1000

775 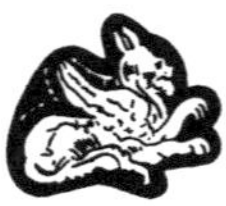

FRANKREICH, 1838—1893; importierte Uhren aus Gold mit minimalem Feingehalt 750/1000

776 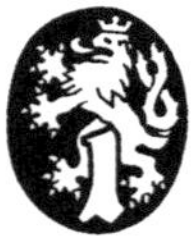

777 

TSCHECHOSLOWAKEI, 1929—1962; größere Gegenstände aus Gold 986 und 900/1000

778 

779 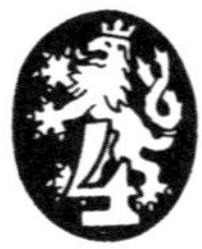

TSCHECHOSLOWAKEI, 1929—1962; größere Gegenstände aus Gold 750 und 585/1000

780 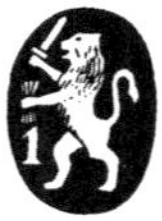

NIEDERLANDE,
1814—1953;
große Gegenstände aus
Gold 916/1000

781 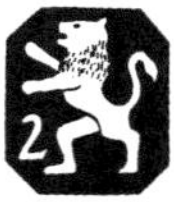

NIEDERLANDE,
1814—1953;
große Gegenstände aus
Gold 833/1000

782 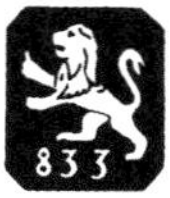

NIEDERLANDE, ab 1953;
große Gegenstände aus
Gold 833/1000

783 

NORWEGEN, ab 1892;
Stempel der staatlichen
Prüfstelle für Edelmetalle

784 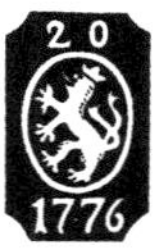

PRAG (CS), 1776—1806;
Gegenstände aus
20karätigem Gold
(833.3/1000); veränderliche
Jahreszahl

785 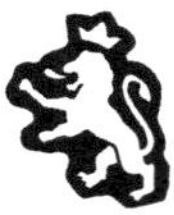

MARSEILLE (F),
Mitte d. 18. Jh.;
charge; alle Gegenstände
aus Edelmetallen

786 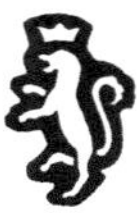

VITRÉ (F), 1756—1762;
charge; alle Gegenstände
aus Edelmetallen

787 

GLASGOW (GB), ab 1914;
Gegenstände aus
18karätigem Gold (750/1000)

788 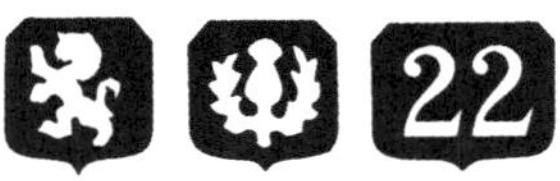

GLASGOW (GB), ab 1914;
Gegenstände aus
22karätigem Gold
(916.6/1000)

789
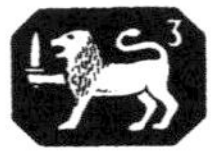

NIEDERLANDE, 1814—1953; große Gegenstände aus Gold 750/1000

790

NIEDERLANDE, ab 1953; große Gegenstände aus Gold 750/1000

791
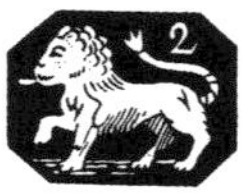

FRANKREICH – Départements, 1819—1838; Gegenstände aus Gold 840/1000

792
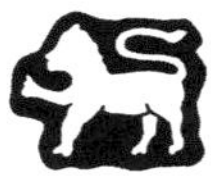

DIJON (F) – généralité, um Mitte des 18. Jh.; Gegenstände aus Gold 916 und 843/1000; Gegenstände aus Silber 958/1000

793
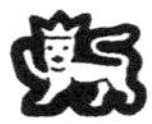

ENGLAND, 1544—1550; Gegenstände aus 18karätigem Gold (750/1000)

794
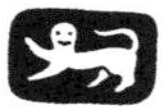

ENGLAND, 1550—1558; Gegenstände aus 18karätigem Gold (750/1000)

795
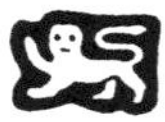

ENGLAND, 1558—1679; von 1558 bis 1574 Gegenstände aus 18karätigem Gold (750/1000); 1574—1679 Gegenstände aus 22karätigem Gold (916.6/1000)

796
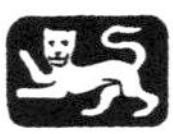

ENGLAND, 1679—1697 und 1719—1739; Gegenstände aus 22karätigem Gold (916.6/1000)

797
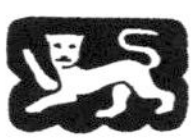

GROSSBRITANNIEN, 1739—1756; Gegenstände aus 22karätigem Gold (916.6/1000)

798
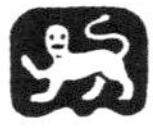

GROSSBRITANNIEN, 1756—1822; Gegenstände aus 22karätigem Gold (916.6/1000)

799 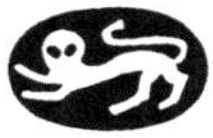

ESTLAND, 1919—1939; Gegenstände aus Gold 980, 960, 855, 750, 585 und 375/1000

800 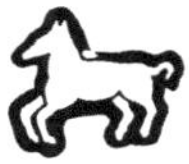

PARIS (F), 1732—1738; décharge; Gegenstände aus Gold 916/1000; Gegenstände aus Silber 958/1000

801 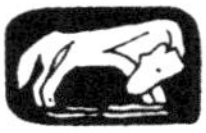

ROM (I), 1815—1870; Gegenständeaus 22 karätigem Gold (916.6/1000)

802 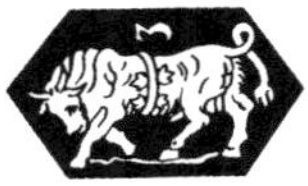

PARIS (F), 1819—1838; Gegenstände aus Gold 750/1000

803 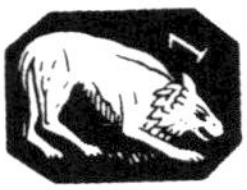

FRANKREICH – Départements, 1819—1838; Gegenstände aus Gold 920/1000

804 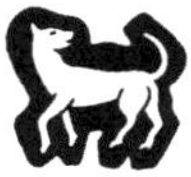

SAUMUR (F), Beginn des 18. Jh; charge; alle Gegenstände aus Edelmetallen

805 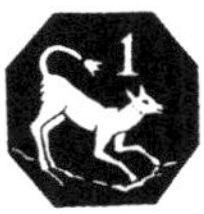

PARIS (F), 1819—1838; Gegenstände aus Gold 920/1000

806 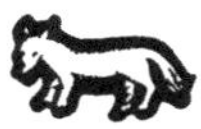

AIX (F) – généralité, 1750; décharge; alle Gegenstände aus Edelmetallen

807 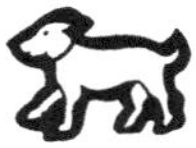

MONTARGIS (F), 1774—1780; décharge; Gegenstände aus Gold 916/1000; Gegenstände aus Silber 958/1000

808 

MODENA (I), 1818—1872; Gegenstände aus Gold 750/1000

809

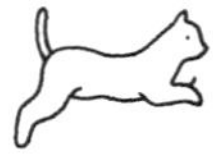

PARIS (F), 1744—1750; décharge; Gegenstände aus Gold 916/1000; kleine Gegenstände aus Gold 843/1000; Gegenstände aus Silber 958/1000

810

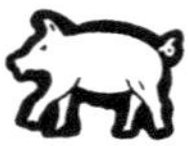

LA CHARITÉ (F), 1768—1774; décharge; Gegenstände aus Gold 916/1000; Gegenstände aus Silber 958/1000

811

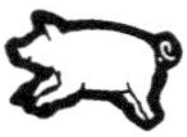

TROYES (F), 1768—1774; décharge; Gegenstände aus Gold 916/1000; Gegenstände aus Silber 958/1000

812

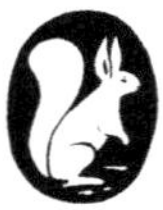

SCHWEIZ, 1882—1892; Gegenstände aus Gold 583/1000

813

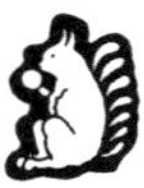

VERDUN (F), 1732—1738; décharge; Gegenstände aus Gold 916/1000; Gegenstände aus Silber 958/1000

814

815

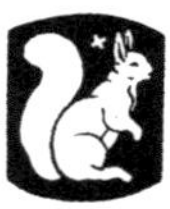

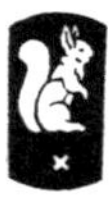

SCHWEIZ, 1893—1934; größere und kleinere Gegenstände aus Gold 583/1000; x = Bedeutung des Buchstaben im Stempel siehe Nr. 611

816

817

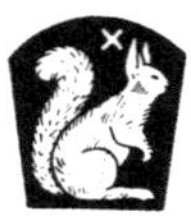

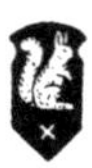

SCHWEIZ, ab 1934; große und kleine Gegenstände aus Gold 585/1000; x = Bedeutung des Buchstaben im Stempel siehe Nr. 613

818

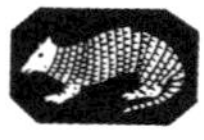

PORTO (P), ab 1938; Uhren aus verschiedenen Metallen

819

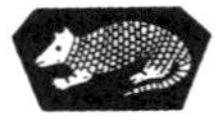

GONDOMAR (P), ab 1938; Uhren aus verschiedenen Metallen

820 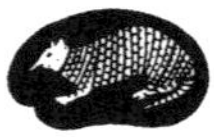

LISSABON (P), ab 1938; Uhren aus verschiedenen Metallen

821 

BELGIEN, 1831—1868; Gegenstände aus Gold 750/1000

822 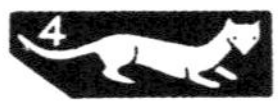

JUGOSLAWIEN, ab 1933; Gegenstände aus Gold 583/1000; Gegenstände aus Silber 800/1000

823 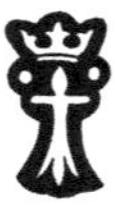

MONTPELLIER (F) – généralité; 1768—1774; charge; alle Gegenstände aus Edelmetallen

824 

825 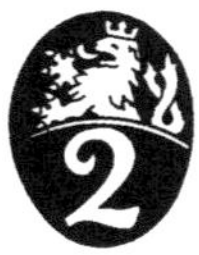

TSCHECHOSLOWAKEI, 1929—1949; kleine Gegenstände aus Gold 986 und 900/1000

826 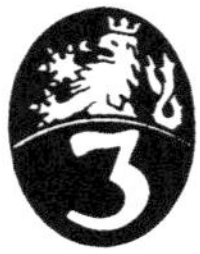

827 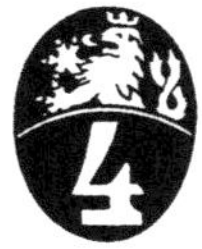

TSCHECHOSLOWAKEI, 1929—1949; kleine Gegenstände aus Gold 750 und 585/1000

828 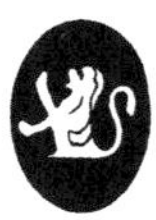

LEEUWARDEN (NL), 1807—1812; Stempel der Prüfungsbehörde

829 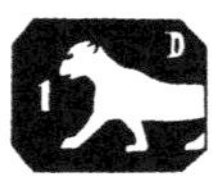

SENEGAL, 1939—1960; Gegenstände aus Gold 920/1000; (D = Dakar)

830 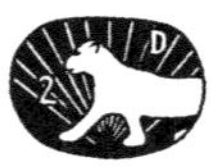

SENEGAL, 1939—1960; Gegenstände aus Gold 840/1000; (D = Dakar)

831 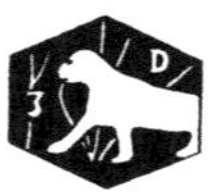

SENEGAL, 1939—1960; Gegenstände aus Gold 750/1000; (D = Dakar)

832 

ENGLAND, bis 1336;
Gegenstände aus $19^{1}/_{5}$ karätigem Gold

833 

ENGLAND, 1336—1519;
von 1336 bis 1476 Gegenstände aus $19^{1}/_{5}$ karätigem Gold;
1477—1519;
Gegenstände aus 18karätigem Gold

834 

835 

ENGLAND, 1519—1544;
Gegenstände aus 18karätigem Gold

836 

AIX (F), 1759;
charge; Gegenstände aus Gold 916/1000;
Gegenstände aus Silber 958/1000

837 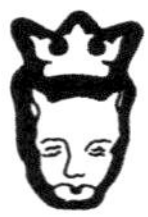

NÎMES (F),
2. Hälfte des 18. Jh.;
charge; alle Gegenstände aus Edelmetallen

838 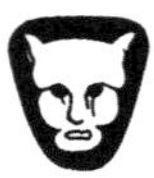

CHÂLONS-SUR-MARNE (F), 18. Jh.;
décharge; alle Gegenstände aus Edelmetallen

839 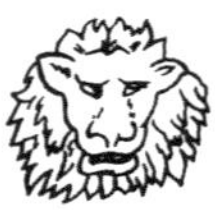

GABUN, ab 1967;
Gegenstände aus Gold 750/1000

840 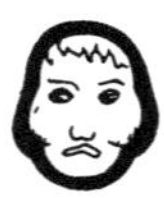

CHARTRES (F), 1774—1780;
contremarque;
Gegenstände aus Gold 916/1000; Gegenstände aus Silber 958/1000

841 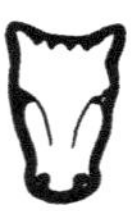

RENNES (F) – généralité, 1768—1774;
décharge; alle Gegenstände aus Edelmetallen

842 

AMIENS (F) – généralité, 1762—1768;
alle Gegenstande aus Edelmetallen

843
844
845 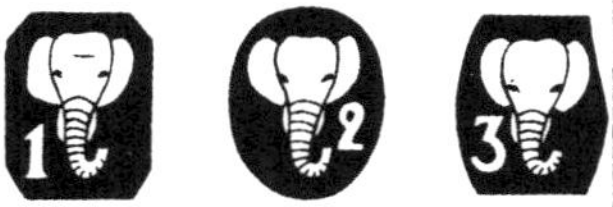

FRANZÖSISCH-ÄQUATORIALAFRIKA (ehem. franz. Kolonie), ab 1947;
Gegenstände aus Gold 920, 840 und 750/1000

846
847
848 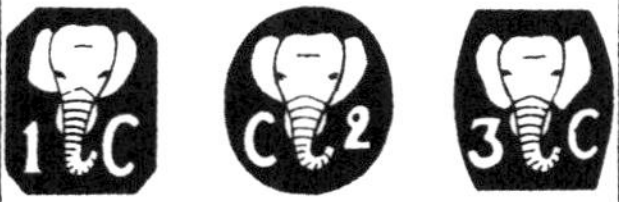

KAMERUN, ab 1947;
Gegenstände aus Gold 920, 840 und 750/1000

849 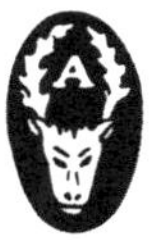

BELGIEN, 1831—1868;
sog. garantie für Gegenstände aus Gold

850 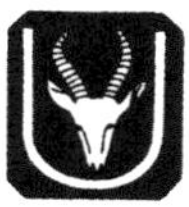

SÜDAFRIKANISCHE UNION, ab 1948;
staatlicher Kontrollstempel für Gold

851 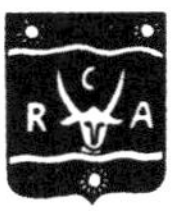

ZENTRALAFRIKANISCHE REPUBLIK, ab 1967;
Gegenstände aus Gold 750/1000

852
853 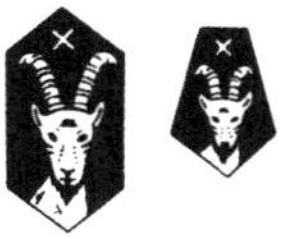

SCHWEIZ, ab 1935;
große und kleine Gegenstände aus Platin 950/1000; x = siehe Nr. 613

854 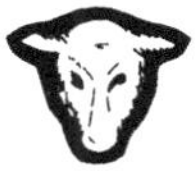

BOURGES (F) – généralité, 1774—1780;
décharge; Gegenstände aus Gold 916/1000; kleine Gegenstände aus Silber 958/1000

855 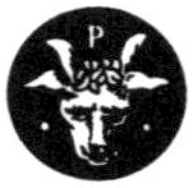

FRANKREICH, 1822—1838;
Uhren aus Gold; immer mit dem Feingehaltsstempel; ab 1. 4. 1821 bis 1. 5. 1822 auch als recense-Stempel für Uhren verwendet

856 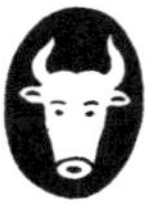

NORDEN (D), 1807—1812;
Stempel der Prüfungsbehörde

857 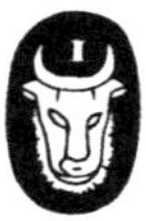

RUMÄNIEN, 1906—1926;
Gegenstände aus Gold 900/1000

858 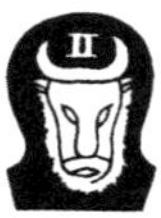

RUMÄNIEN, 1906—1926;
Gegenstände aus Gold 850/1000

859 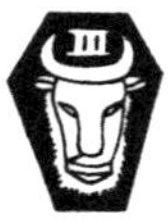

RUMÄNIEN, 1906—1926;
Gegenstände aus Gold 750/1000

860 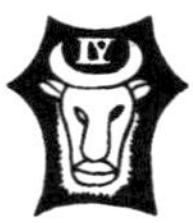

RUMÄNIEN, 1906—1926;
Gegenstände aus Gold 583/1000

861 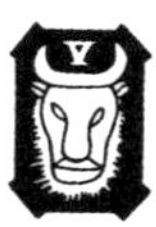

RUMÄNIEN, 1906—1926;
Gegenstände aus Gold 500/1000

862 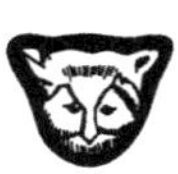

TOURS (F) – généralité, 1774—1780;
décharge; Gegenstände aus Gold 916/1000; kleine Gegenstände aus Silber 958/1000

863

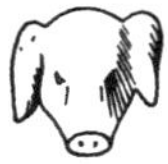

RIOM (F), 1780—1791; décharge; Gegenstände aus Gold 916/1000; kleine Gegenstände aus Silber 843/1000

864

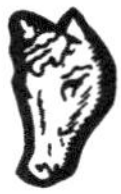

LYON (F) – généralité, 1774—1780; décharge; Gegenstände aus Gold 916/1000; kleine Gegenstände aus Silber 958/1000

865

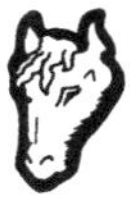

TOULOUSE (F) – généralité, 1768—1774; décharge; alle Gegenstände aus Edelmetallen

866

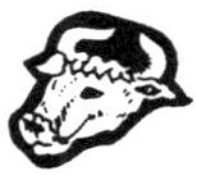

RENNES (F), 1780—1791; décharge; große Gegenstände aus Gold 916/1000; kleine Gegenstände aus Gold 843/1000

867

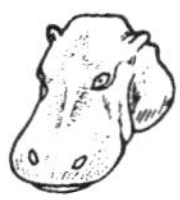

MALI, ab 1967; Gegenstände aus Gold 750/1000

868

SCHWEIZ, ab 1934; importierte Gegenstände aus Platin; x = Bedeutung des Buchstaben im Stempel siehe Nr. 613

869

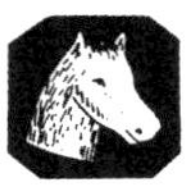

PORTO (P), ab 1938; aus Platin und Gold kombinierte Gegenstände (800 und 500/1000)

870

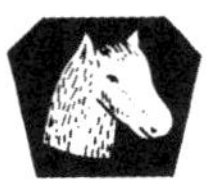

GONDOMAR (P), 1938; aus Platin und Gold kombinierte Gegenstände (800 und 500/1000)

871

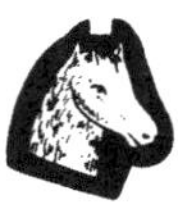

LISSABON (P), ab 1938; aus Platin und Gold kombinierte Gegenstände (800 und 500/1000)

872 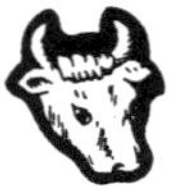

BOURGES (F) – généralité, 1774—1780; décharge; Gegenstände aus Gold 916/1000; kleine Gegenstände aus Silber 958/1000

873 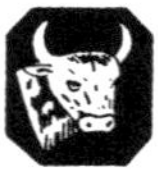

PORTO (P), ab 1938; aus Platin und Silber kombinierte Gegenstände

874 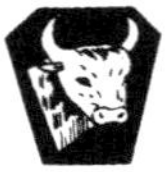

GONDOMAR (P), ab 1938; aus Platin und Silber kombinierte Gegenstände

875 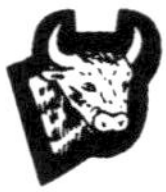

LISSABON (P), ab 1938; aus Platin und Silber kombinierte Gegenstände

876 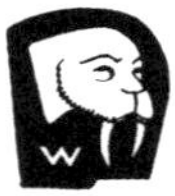

ÖSTERREICH, Mai 1922—August 1925; aus Edelmetallen kombinierte Gegenstände; Bedeutung des Buchstaben im Stempel siehe Nr. 930

877 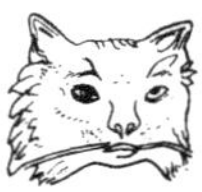

TUNESIEN, 1905—1917; kleine Gegenstände aus Gold 375/1000

878 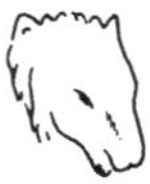

PARIS (F), 1780—1789; exportierte Gegenstände aus Edelmetallen

879 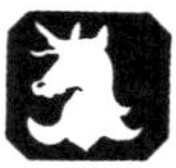

IRLAND, ab 1784; Gegenstände aus 18karätigem Gold (750/1000)

880 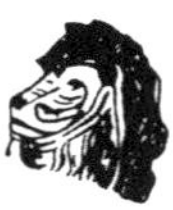

TUNESIEN, vor 1940; Gegenstände aus Platin 950/1000

881 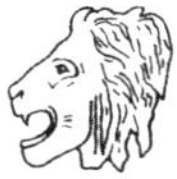

TUNESIEN, 1905—1917;
kleine Gegenstände aus
Gold 750/1000

882 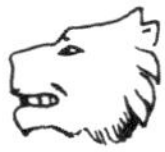

LYON (F), 1780—1791;
décharge; Gegenstände aus
Gold 916/1000; kleine
Gegenstände aus Silber
843/1000

883 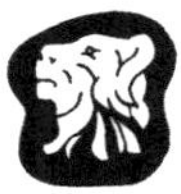

NIEDERLANDE,
1814—1906;
kleine Gegenstände aus
Gold 750—916/1000

884 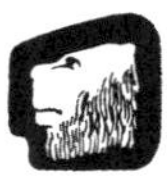

NIEDERLANDE,
1813—1906;
kleine Gegenstände aus
Gold – ohne Verzierung –
750/1000

885 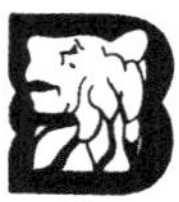

NIEDERLANDE,
1906—1953;
kleine Gegenstände aus
Gold 750—916/1000

886 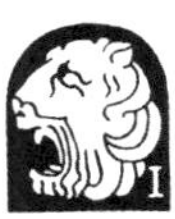

JUGOSLAWIEN,
1922—1933;
kleine Gegenstände aus
Gold 583/1000

887 

NIEDERLANDE,
1814—1852;
Stempel der
Prüfungsbehörden;
Bedeutung des Buchstaben
im Stempel siehe Nr. 888

888 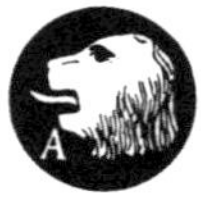

NIEDERLANDE,
1852—1953;
Stempel der Prüfungsbehörden;
Bedeutung des Buchstaben im Stempel:

A – Amsterdam (ab 1814)
.A. – Amsterdam (1914—1924)
B – Utrecht (ab 1814)
C – 's Gravenhage (ab 1814)
D – Rotterdam (ab 1814)
E – Groningen (1814—1927)
F – Leeuwarden (ab 1814)
G – Zwolle (1814—1878)
H – Arnhem (ab 1814)
I – Breda (1814—1874)
K – 's Hertogenbosch (ab 1814)
L – Middelburg (1814—1888)
M – Schoonhoven (ab 1837)
N – Maastricht (1852—1927)
O – Roermond (1852—1868)
P – Alkmaar (1852—1927)
Q – Roozendaal (1889—1927)

889 
890 

NIEDERLANDE, ab 1953;
Stempel der Prüfungsbehörden;
Bedeutung des Buchstaben im Stempel siehe Nr. 888

891 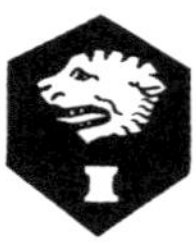
892 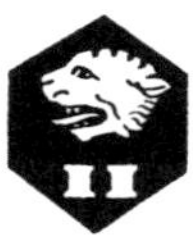

BRAGA (P), 1887—1911;
Gegenstände aus Gold 916 und 800/1000; Toleranz 005/1000

893 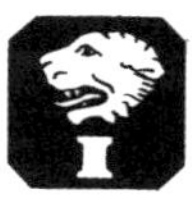
894 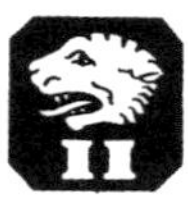

PORTO (P), 1887—1938;
Gegenstände aus Gold 916 und 800/1000; Toleranz 005/1000

895 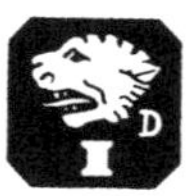
896 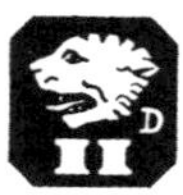

GONDOMAR (P), 1887—1913;
Gegenstände aus Gold 916 und 800/1000; Toleranz 005/1000

897 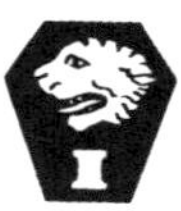
898 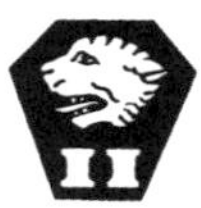

GONDOMAR (P), 1913—1938;
Gegenstände aus Gold 916 und 800/1000; Toleranz 005/1000

899 900	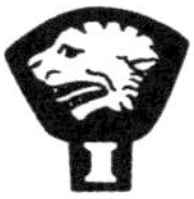 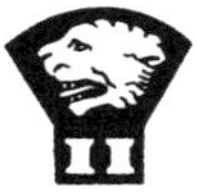	LISSABON (P), 1887—1938; Gegenstände aus Gold 916 und 800/1000; Toleranz 005/1000
901 902	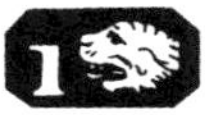 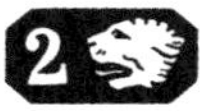	LISSABON (P), 1886—1938; Uhren aus Gold 750 und 583/1000
903 904	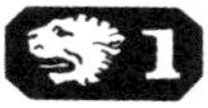 	PORTO (P), 1886—1938; Uhren aus Gold 750 und 583/1000
905		SPANIEN, ab 1934; Gegenstände aus Gold 750/1000
906 907	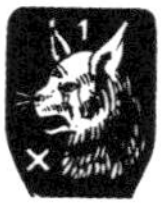 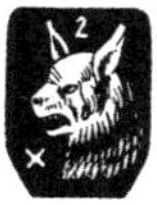	SCHWEIZ, ab 1934; importierte große Uhrgehäuse aus Gold 750 und 585/1000; x = Bedeutung des Buchstaben im Stempel siehe Nr. 613
908 909	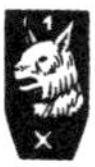 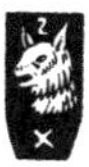	SCHWEIZ, ab 1934; importierte kleine Uhrgehäuse aus Gold 750 und 585/1000; x = Bedeutung des Buchstaben im Stempel siehe Nr. 613
910	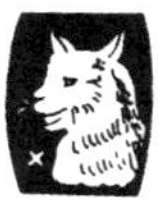	SCHWEIZ, 1880—1934; importierte Gegenstände aus Gold 585 bis 750/1000; x = Bedeutung des Buchstaben im Stempel siehe Nr. 611
911	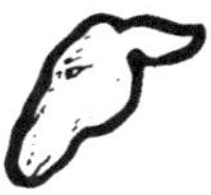	PONTOISE (F), 1768—1774; contremarque; Gegenstände aus Gold 916/1000; Gegenstände aus Silber 958/1000
912	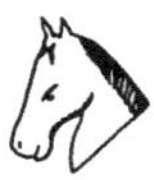	CAEN (F), 1780—1791; décharge; Gegenstände aus Gold 916/1000; kleine Gegenstände aus Silber 843/1000

913 914	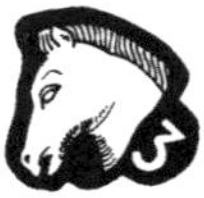 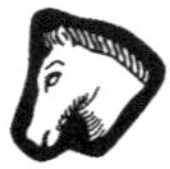	ITALIEN, 1872—1935; größere und kleinere Gegenstände aus Gold 500/1000
915	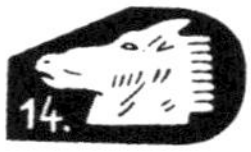	UNGARN, ab 1965; Gegenstände aus Gold 585/1000
916	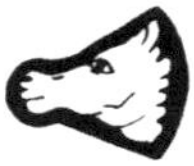	BELGIEN, 1831—1868; kleine Gegenstände aus Gold
917	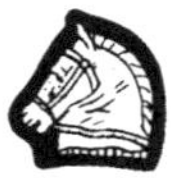	TUNESIEN, ab 1942; kleine Gegenstände aus Gold; minim. 750/1000
918		POLEN, ab 1931; Zusatzstempel für Erzeugnisse aus Platin
919		POLEN, ab 1931; Gegenstände aus Platin 950/1000
920	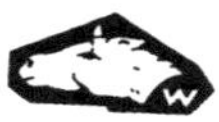	ÖSTERREICH, ab 1925; Gegenstände aus Gold 585/1000; Bedeutung des Buchstaben im Stempel siehe Nr. 930
921	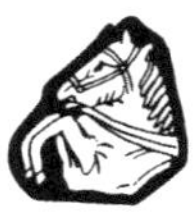	TUNESIEN, ab 1942; kleine Gegenstände aus Gold 375—750/1000
922 923 924	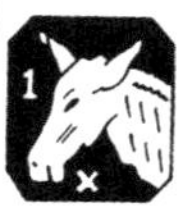 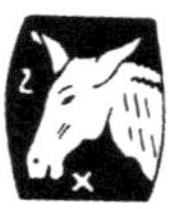 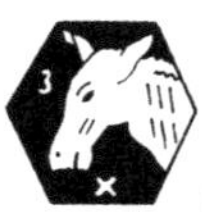	MAROKKO, ab 1925; Gegenstände aus Gold 920, 840 und 750/1000; x = F – Fes, M – Marrakesch

925 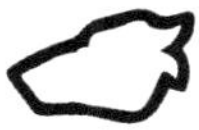

RENNES (F), 1756—1762; décharge; Gegenstände aus Edelmetallen

926 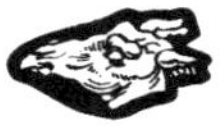

FRANKREICH, 10. 5.—1. 10. 1838; sog. recense générale; große Gegenstände

927

TUNESIEN, 1917—1940; kleine Gegenstände aus Gold 750/1000

928 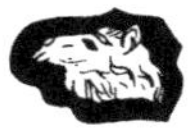

MARSEILLE (F), 1724; décharge; alle Gegenstände aus Edelmetallen

929 

BELGIEN, 1942; vor dem 1. 1. 1942 hergestellte Gegenstände aus Platin

930

931

932

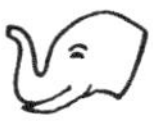

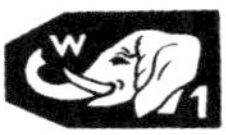

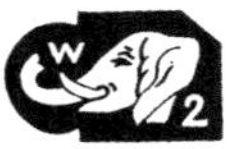

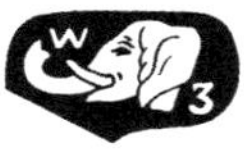

ÖSTERREICH, ab 1922; Gegenstände aus Gold 986, 900 und 750/1000; Bedeutung des Buchstaben im Stempel:
W – Wien
L – Linz
G – Graz
I – Innsbruck
K – Klagenfurt
S – Salzburg
Von 1939 bis 1945 kamen noch hinzu:
A – Mährisch Trübau (Moravská Třebová) (CS)
D – Karlsbad (Karlovy Vary) (CS)
R – Reichenberg – Gablonz (Liberec – Jablonec) (CS)
T – Teplitz (Teplice) (CS)
E – Kattowitz (Katovice) (PL)
C – Cilli (Celje) (YU)
M – Marburg/Drau (Maribor) (YU)
H – Lódź (PL)

933 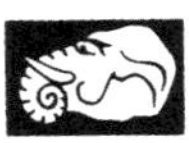

ELFENBEINKÜSTE, ab 1968; Gegenstände aus Gold 750/1000

934 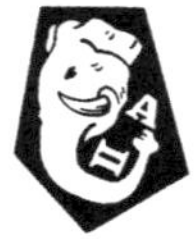

JUGOSLAWIEN, 1882—1922; kleinere Gegenstände aus Gold 583/1000; gültig für das Gebiet des ehem. Königreichs Serbien

935 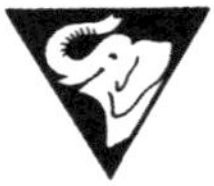

SÜDRHODESIEN, ab 1961; Gegenstände aus Gold 916, 750, 625, 583 und 375/1000

936 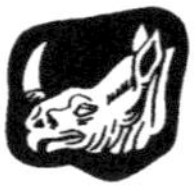

937 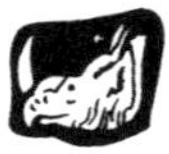

FRANKREICH, ab 9. 5. 1838; Kettchen aus Gold; minim. 750/1000; für Paris nur bis 1. 1. 1847

938 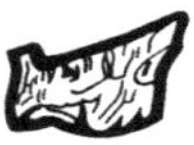

PARIS (F), ab 1. 1. 1847; Kettchen aus Gold; minim. 750/1000

939 

LISSABON (P), ab 1938; Gegenstände aus Gold 800/1000

940 

GONDOMAR (P), ab 1938; Gegenstände aus Gold 800/1000

941 

PORTO (P), ab 1938; Gegenstände aus Gold 800/1000

942 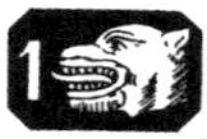

LISSABON (P), ab 1938; Uhren, Brillenfassungen u. ä. aus Gold 750/1000

943 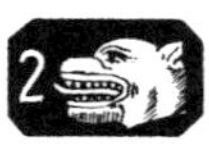

LISSABON (P), ab 1938; Uhren, Brillenfassungen u. ä. aus Gold 583/1000

944 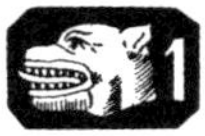

PORTO (P), ab 1938; Uhren, Brillenfassungen u. ä. aus Gold 750/1000

945 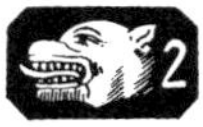

PORTO (P), ab 1938; Uhren, Brillenfassungen u. ä. aus Gold 583/1000

946 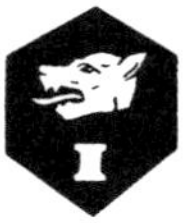

947 

BRAGA (P), 1887—1911; Gegenstände aus Gold 916 und 800/1000; Toleranz 002/1000

948 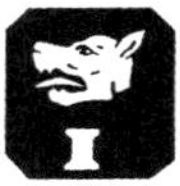

949 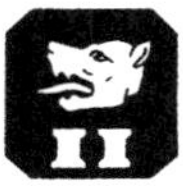

PORTO (P), 1887—1938; Gegenstände aus Gold 916 und 800/1000; Toleranz 002/1000

950 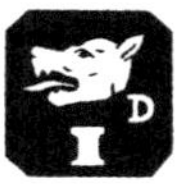

951 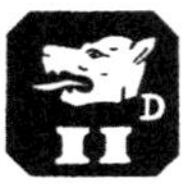

GONDOMAR (P), 1887—1913; Gegenstände aus Gold 916 und 800/1000; Toleranz 002/1000

952 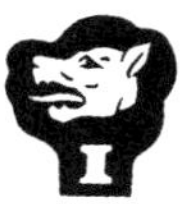

953 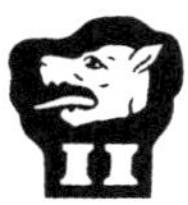

LISSABON (P), 1887—1938; Gegenstände aus Gold 916 und 800/1000; Toleranz 002/1000

954 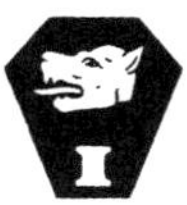

955 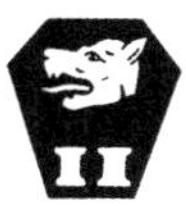

GONDOMAR (P), 1913—1938; Gegenstände aus Gold 916 und 800/1000; Toleranz 002/1000

956 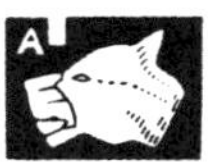

RUMÄNIEN, 1926—1937; Gegenstände aus Gold 900/1000

957 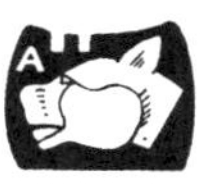

RUMÄNIEN, 1926—1937; Gegenstände aus Gold 850/1000

958	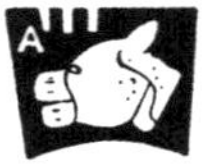	RUMÄNIEN, 1926—1937; Gegenstände aus Gold 750/1000
959	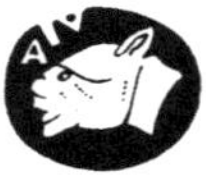	RUMÄNIEN, 1926—1937; Gegenstände aus Gold 583/1000
960	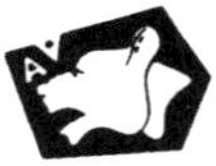	RUMÄNIEN, 1926—1937; Gegenstände aus Gold 500/1000
961	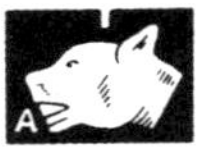	RUMÄNIEN, 1937—1949; Gegenstände aus Gold 900/1000
962	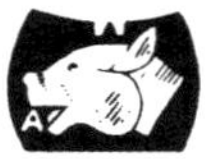	RUMÄNIEN, 1937—1949; Gegenstände aus Gold 850/1000
963	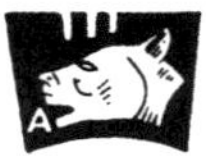	RUMÄNIEN, 1937—1949; Gegenstände aus Gold 750/1000
964	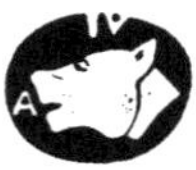	RUMÄNIEN, 1937—1949; Gegenstände aus Gold 583/1000
965	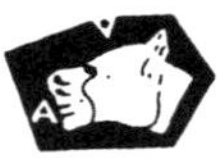	RUMÄNIEN, 1937—1949; Gegenstände aus Gold 500/1000
966	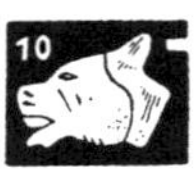	RUMÄNIEN, 1949—1955; Gegenstände aus Gold 900/1000
967	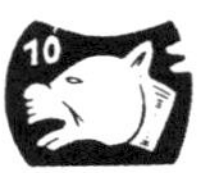	RUMÄNIEN, 1949—1955; Gegenstände aus Gold 850/1000
968		RUMÄNIEN, 1949—1955; Gegenstände aus Gold 750/1000

969 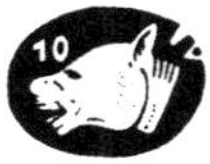

RUMÄNIEN, 1949—1955;
Gegenstände aus Gold
583/1000

970 

RUMÄNIEN, 1949—1955;
Gegenstände aus Gold
500/1000

971 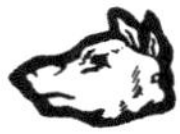

LYON (F), 1768—1774;
décharge; Gegenstände aus
Gold 916/1000; mittelgroße
Gegenstände aus Silber
958/1000

972 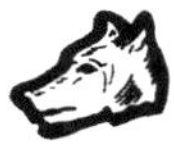

PARIS (F), 1738—1744;
décharge; Gegenstände aus
Gold 916/1000; kleine
Gegenstände aus Silber
958/1000

973 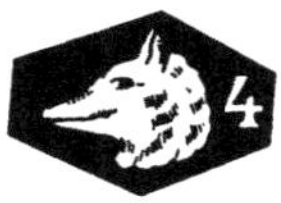

ÖSTERREICHISCH-
-UNGARISCHE
MONARCHIE, 1866—1872;
kleine Gegenstände aus Gold
580/1000

974 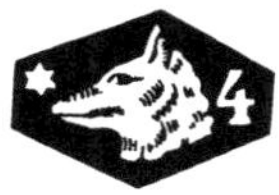

ÖSTERREICHISCH-
-UNGARISCHE
MONARCHIE, 1872—1922;
kleine Gegenstände aus
Gold 580/1000; * =
Bedeutung des Buchstaben
im Stempel siehe Nr. 594

975 

UNGARN, 1937—1965;
kleine Gegenstände aus
Gold 585/1000

976 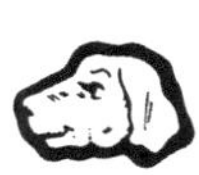

SAINT-GERMAIN (F),
1780—1791;
décharge; Gegenstände aus
Gold 916/1000; kleine
Gegenstände aus Silber

977 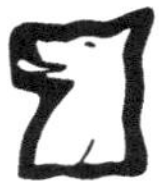

AIX (F) – généralité, 1772;
décharge; alle Gegenstände
aus Edelmetallen

978 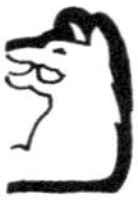

ANGERS (F) – généralité, 1747; décharge; alle Gegenstände aus Edelmetallen

979 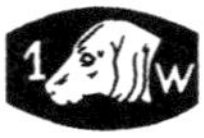

POLEN, ab 1963; Palladium 850/1000

980 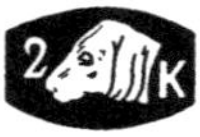

POLEN, ab 1963; Palladium 500/1000

981 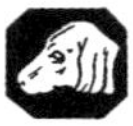

POLEN, ab 1963; Zusatzstempel für Palladium

982 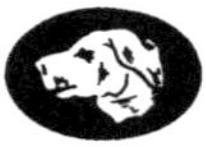

TOURS (F), 1768—1774; décharge; alle Gegenstände aus Edelmetallen

983 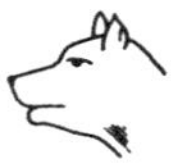

PARIS (F), 1738—1744; décharge; kleine Gegenstände aus Gold 843/1000; kleine Gegenstände aus Silber 958/1000

984 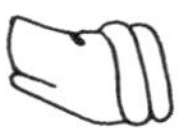

PARIS (F), 1732—1738; décharge; kleine Gegenstände aus Gold 843/1000; sehr kleine Gegenstände aus Silber 958/1000

985 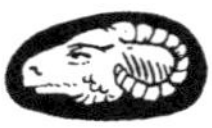

PARIS (F), 1819—1838; sog. Garantie für kleine Gegenstände aus Gold

986 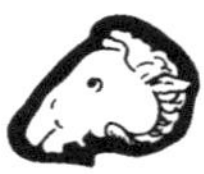

CAEN (F) und ALENÇON (F), 1780—1791; décharge; Gegenstände aus Gold 916/1000; kleine Gegenstände aus Silber 958/1000

987 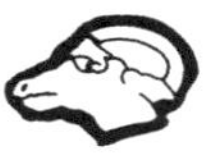

TOURS (F) – généralité, 1753; décharge; alle Gegenstände aus Edelmetallen

988 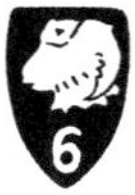

TSCHECHOSLOWAKEI,
1. 1. 1944—25. 1. 1949;
Gegenstände aus Gold 250/1000; nur für das Gebiet der Slowakei gültig

989 

PARIS (F), 1750—1756;
décharge; Gegenstände aus Gold 916/1000;
Gegenstände aus Silber 958/1000

990 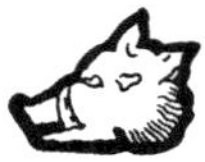

BORDEAUX (F),
1774—1750;
décharge; für alle Gegenstände aus Edelmetallen

991 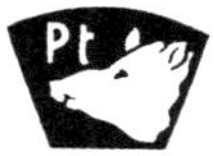

TSCHECHOSLOWAKEI,
1. 1. 1944—25. 1. 1949;
Gegenstände aus Platin 950/1000; nur für das Gebiet der Slowakei gültig

992 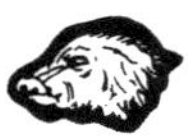

LA ROCHELLE (F),
1780—1791;
décharge; Gegenstände aus Gold 916/1000 sowie kleine Gegenstände aus Silber

993 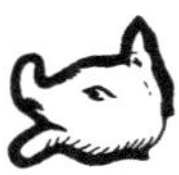

LIESSE (F), 1768—1774;
décharge; mittelgroße Gegenstände aus Gold 916/1000; mittelgroße Gegenstände aus Silber 958/1000

994 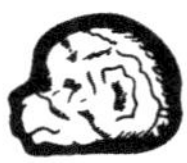

PARIS (F) – généralité,
1774—1780;
Gegenstände aus Gold 916/1000; kleine Gegenstände aus Silber 958/1000

995 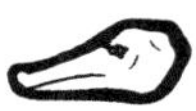

AIX (F), 1759;
décharge; Gegenstände aus Gold 916/1000;
Gegenstände aus Silber 958/1000

996 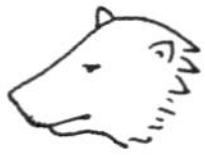

LIMOGES (F), 1780—1791; décharge; Gegenstände aus Gold 916/1000; kleine Gegenstände aus Silber 843/1000

997 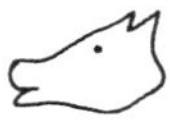

PARIS (F), 1738—1744; décharge; alle Gegenstände aus Edelmetallen

998 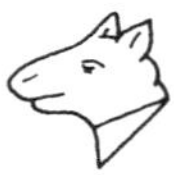

PARIS (F), 1750—1756; décharge; große Gegenstände aus Gold 916/1000; große Gegenstände aus Silber 958/1000

999 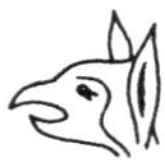

PARIS (F), 1732—1738; décharge; kleine Gegenstände aus Gold 843/1000; kleine Gegenstände aus Silber 958/1000

1000 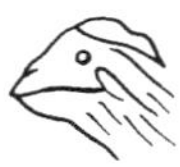

PARIS (F), 1750—1756; décharge; kleine Gegenstände aus Gold 843/1000; kleine Gegenstände aus Silber 958/1000

1001 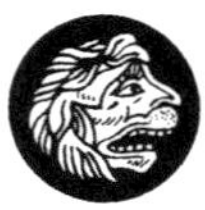

PARIS (F), 1809—1819; sog. garantie für große Gegenstände aus Gold

1002 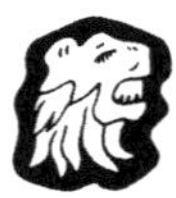

NIEDERLANDE, 1814—1865; kleine Gegenstände aus Gold 750—916/1000

1003 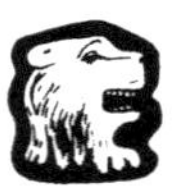

NIEDERLANDE, 1852—1864; kleine Gegenstände mit Verzierungen 750/1000

1004 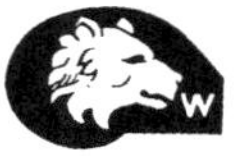

ÖSTERREICH, Mai 1922—August 1925; Gegenstände aus Gold 585/1000; Bedeutung des Buchstaben im Stempel siehe Nr. 930

1005 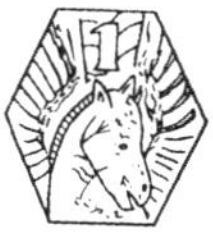

1006 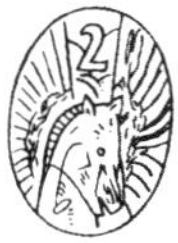

TUNESIEN, ab 1942; große Gegenstände aus Gold 840 und 750/1000

1007 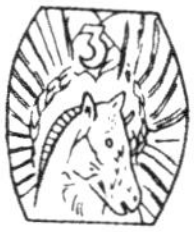

1008 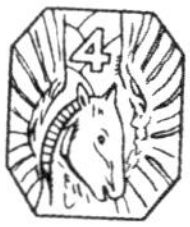

TUNESIEN, ab 1942; große Gegenstände aus Gold 583 und 357/1000

1009 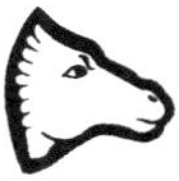

BELGIEN, 1831—1868; kleine Ergänzungsstücke aus Gold

1010 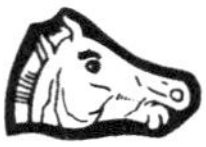

FRANKREICH, 1838—1919; sog. petite garantie

1011 

1012 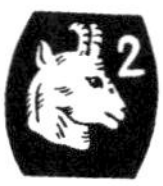

1013 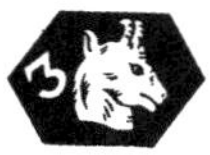

UNGARN, 1937—1965; kleine Gegenstände aus Gold 986, 900 und 750/1000

1014 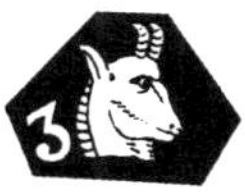

ÖSTERREICHISCH-UNGARISCHE MONARCHIE, 1866—1872; kleine Gegenstände aus Gold 750/1000

1015 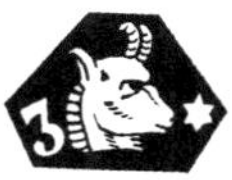

ÖSTERREICHISCH-UNGARISCHE MONARCHIE, 1872—1922; kleine Gegenstände aus Gold 750/1000; * = Bedeutung des Buchstaben siehe Nr. 594

1016 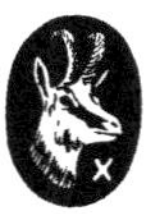

SCHWEIZ, 1914—1934; Gegenstände aus Platin 950/1000; x = Bedeutung des Buchstaben siehe Nr. 611

1017 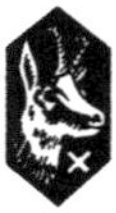

1018 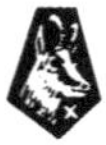

SCHWEIZ,
1. 7. 1934—31. 7. 1935
große und kleine
Gegenstände aus Platin
950/1000; x = Bedeutung
des Buchstaben siehe Nr. 613

1019 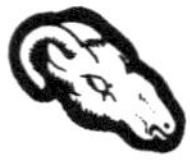

POITIERS (F) – généralité,
1774—1780;
décharge; Gegenstände aus
Gold 916/1000; kleine
Gegenstände aus Silber
958/1000

1020 

NEUCHÂTEL (CH),
1822—1866;
Gegenstände aus Gold
583/1000

1021 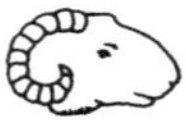

POITIERS (F), 1774—1780;
décharge; Gegenstände aus
Gold 916/1000; kleine
Gegenstände aus Silber
843/1000

1022 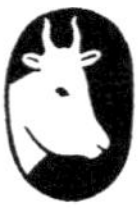

AMIENS (F), 1780—1791;
décharge; Gegenstände aus
Gold 916/1000; kleine
Gegenstände aus Silber

1023 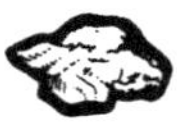

MADAGASKAR, ab 1926;
Gegenstände aus Gold
750/1000

1024 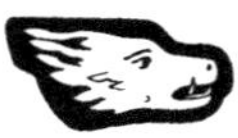

NIEDERLANDE,
1831—1893;
importierte kleine
Gegenstände aus
Edelmetallen

1025 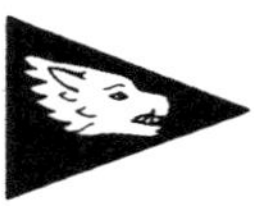

NIEDERLANDE,
1893—1906;
importierte große
Gegenstände aus
Edelmetallen

1026 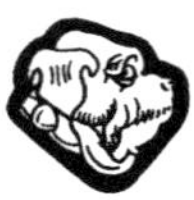

FRANKREICH,
10. 5.—1. 10. 1838;
sog. recense générale;
kleine Gegenstände

1027 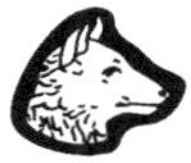

FRANKREICH, ab 1912;
Gegenstände aus Platin
950/1000

1028 

GONDOMAR (P), 1938;
aus Gold und Silber
kombinierte Gegenstände
(800 und 833/1000)

1029 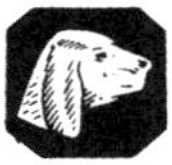

PORTO (P), ab 1938;
aus Gold und Silber
kombinierte Gegenstände
(800 und 833/1000)

1030 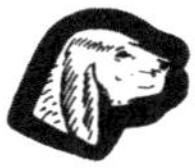

LISSABON (P), ab 1938;
aus Gold und Silber
kombinierte Gegenstände
(800 und 833/1000)

1031 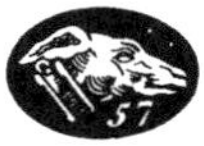

FRANKREICH,
16. 8.—16. 11. 1819;
recense-Stempel für große
Gegenstände; Nr. 57
bezeichnet Département
Nord, Behörde Lille

1032 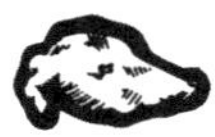

FRANKREICH, 1774—1780;
ältere Gegenstände aus
Edelmetallen

1033 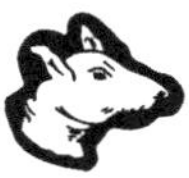

ORLÉANS (F) – généralité
und MOULINS (F) –
généralité, 1774—1780;
décharge; Gegenstände aus
Gold 916/1000 und kleine
Gegenstände aus Silber

1034 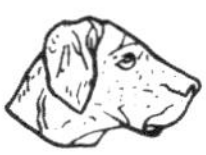

TUNISIEN, ab 1942;
ältere Gegenstände ohne
Garantie für den Feingehal

1035 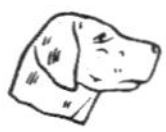
TUNESIEN, 1917—1940; ältere Gegenstände von künstlerischem Wert; ohne Garantie für den Feingehalt

1036 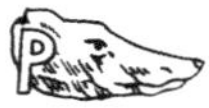
FRANKREICH, 1840—1879; Feingehaltsstempel von La Guadeloupe für Exportware

1037 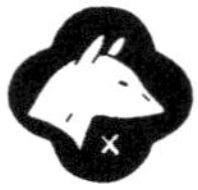
MAROKKO, ab 1925; kleine Gegenstände aus Gold; x = F — Fes, M – Marrakesch

1038 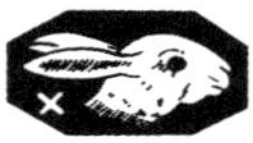
FRANKREICH, ab 1888; Gegenstände für den Export, die aber in Frankreich verkauft wurden; x = Raum für den Stempel der Behörde

1039 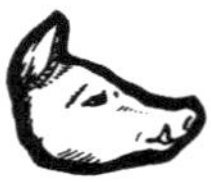
PARIS (F), 1768—1774; décharge; für alte Gegenstände aus Gold 916/1000 oder mittelgroße Gegenstände aus Silber 958/1000

1040 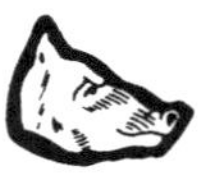
PARIS (F), 1762—1768; Gegenstände aus Gold 843 und 916/1000

1041 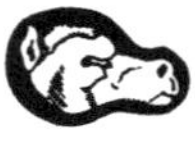
FRANKREICH, 1774—1780; exportierte Gegenstände aus Edelmetallen

1042 
FRANKREICH, ab 1905; aus Gold und Silber kombinierte Gegenstände

	Vögel	
1043		BREST (F), 1769—1771; charge; alle Gegenstände aus Edelmetallen
1044		NIJMEGEN (NL), 1807—1812; Stempel der Prüfungsbehörde
1045	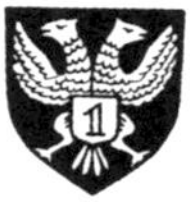	PARMA (I) und PIACENZA (I), 1818—1872; Gegenstände aus Gold 833/1000
1046	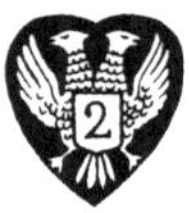	PARMA (I) und PIACENZA (I), 1818—1872; Gegenstände aus Gold 750/1000
1047	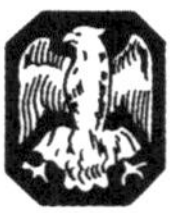	ITALIEN, ab 1935; Gegenstände aus Platin 950/1000
1048	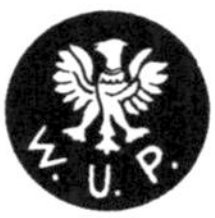	POLEN, ab 1931; für Barren aus Edelmetallen
1049		DEVENTER (NL), 1807—1812; Stempel der Prüfungsbehörde
1050	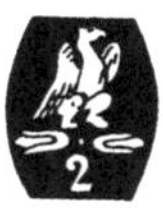	BELGIEN, 1831—1868; Gegenstände aus Gold 840/1000
1051 1052	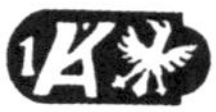 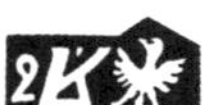	UNGARN, 1937—1865; importierte Gegenstände aus Gold 986 und 900/1000

1053 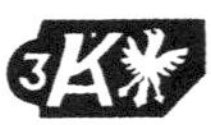
1054 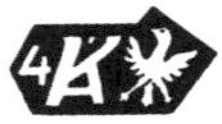

UNGARN, 1937—1965;
importierte Gegenstände
aus Gold 750 und 585/1000

1055 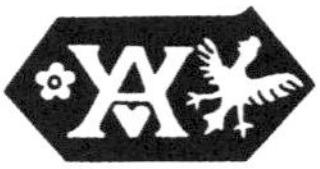

ÖSTERREICHISCH-
-UNGARISCHE
MONARCHIE, 1902—1922;
importierte Gegenstände
aus Gold; * = Bedeutung
des Buchstaben siehe Nr.
594

1056 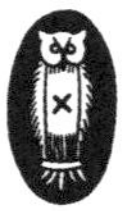

FRANKREICH, ab 2. 6. 1893;
importierte Gegenstände
aus Gold aus dem
nicht vertragsgebundenen
Ausland; Uhren ohne
Unterschied des
Ursprungslandes;
Gegenstände aus Gold und
Platin aus
Pfandleihanstalten

1057 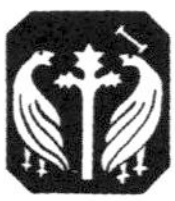

JUGOSLAWIEN,
1922—1933;
kleine Gegenstände aus
Gold 750/1000

1058 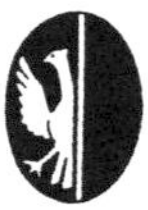

SNEEK (NL), 1807—1812;
Stempel der
Prüfungsbehörde

1059 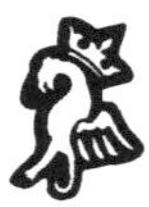

CHÂLONS-SUR-MARNE
(F), 18. Jh.;
décharge; alle Gegenstände
aus Edelmetallen

1060 

JUGOSLAWIEN,
1882—1922;
importierte Waren aus
Gold, gültig für das Gebiet
des ehem. Königreichs
Serbien

1061 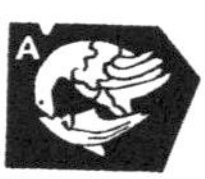

RUMÄNIEN, 1926—1937;
Gegenstände aus Platin
950/1000

1062 

RUMÄNIEN, 1949—1955;
Gegenstände aus Platin
950/1000

1063 

RUMÄNIEN, 1937—1949;
Gegenstände aus Platin
950/1000

1064 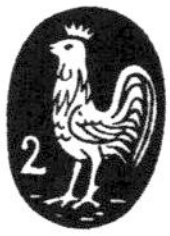

PARIS (F), 1798—1809;
Gegenstände aus Gold
840/1000

1065 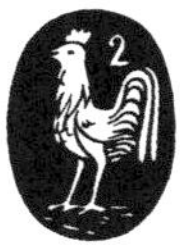

FRANKREICH –
Départements; 1798—1809;
Gegenstände aus Gold
840/1000

1066 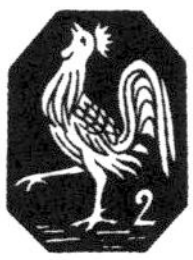

PARIS (F), 1809—1819;
Gegenstände aus Gold
840/1000

1067 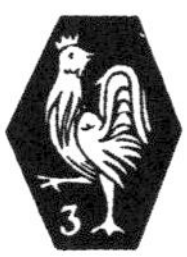

PARIS (F), 1809—1819;
Gegenstände aus Gold
750/1000

1068 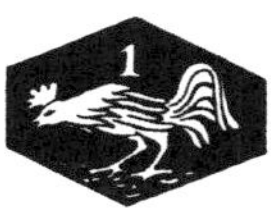

FRANKREICH –
Départements, 1809—1919;
Gegenstände aus Gold
920/1000

1069 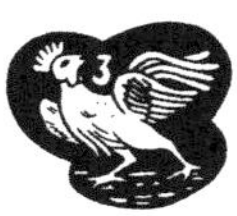

FRANKREICH –
Départements, 1809—1819;
Gegenstände aus Gold
750/1000

1070 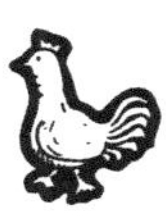

SOISSONS (F), 1768—1774;
décharge; Gegenstände aus
Gold 916/1000;
Gegenstände aus Silber
958/1000

1071 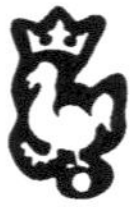

MONTPELLIER (F) – généralité, 1713—1717; décharge; Gegenstände aus Gold 916 und 843/1000; Gegenstände aus Silber 958/1000

1072 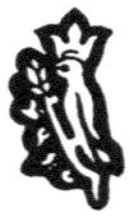

NANTES (F), 1731—1733; charge; alle Gegenstände aus Edelmetallen

1073 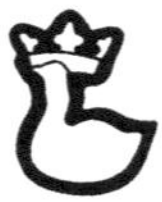

PAU (F), um Mitte d. 18. Jh.; décharge; alle Gegenstände aus Edelmetallen

1074 

LA ROCHELLE (F) – généralité, Mitte d. 18. Jh.; décharge; alle Gegenstände aus Edelmetallen

1075 

PARIS (F), 1725—1732; décharge; Gegenstände aus Gold 916 und 843/1000; kleine Gegenstände aus Silber 958/1000

1076 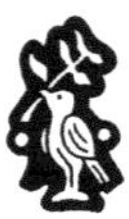

MONTPELLIER (F), 17. Jh.; décharge; alle Gegenstände aus Edelmetallen

1077 

LA FÈRE (F), 1768—1774; contremarque; Gegenstände aus Gold 916/1000; Gegenstände aus Silber 958/1000

1078 

BEAUVAIS (F), 1768—1774; décharge; Gegenstände aus Gold 916/1000 Gegenstände aus Silber 958/10007

1079 

NUITS (F), 1768—1774; importierte Gegenstände aus Edelmetallen

1080 

PARIS (F), 1750—1756; décharge; Gegenstände aus Gold 916/1000 kleine Gegenstände aus Silber 958/1000

1081 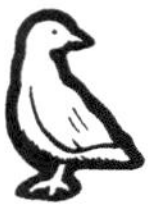

ROUEN (F), 1768—1774; décharge; ältere kleine und mittelgroße Gegenstände

1082 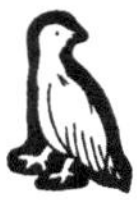

CHÂLON-SUR-SAÔNE (F), 1768—1774; exportierte Gegenstände aus Edelmetallen

1083 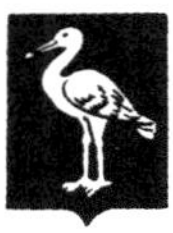

ÄGYPTEN, ab 1916; Regierungsstempel für Gold

1084 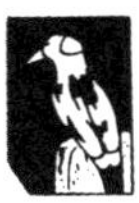

1085 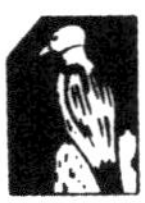

AUSTRALIEN – Queensland und Südaustralien, nach 1923; Gegenstände aus Gold; inoffizielle, heute nicht mehr verwendete Stempel

1086 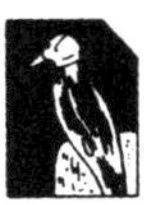

1087 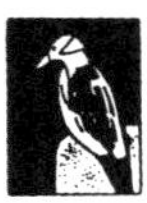

AUSTRALIEN – Victoria und Neusüdwales, nach 1923; Gegenstände aus Gold; inoffizielle, heute nicht mehr verwendete Stempel

1088 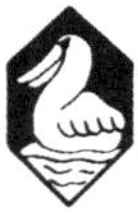

TSCHECHOSLOWAKEI, 1. 1. 1944—25. 1. 1949; importierte Gegenstände aus Platin; gültig auf dem Gebiet der Slowakei

1089

GOES (NL), 1807—1812;
Stempel der
Prüfungsbehörde

1090

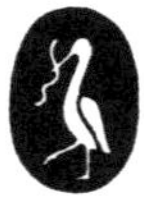

's GRAVENHAGE (DEN HAAG) (NL), 1807—1812;
Stempel der
Prüfungsbehörde

1091

LIBANON, ab 1953;
Gegenstände aus Platin

1092

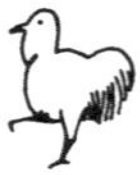

PARIS (F), 1713—1717;
décharge; Gegenstände aus Gold 916/1000;
Gegenstände aus Silber 958/1000

1093

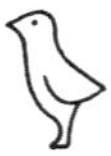

PARIS (F), 1680—1684;
décharge; Gegenstände aus Gold 916/1000; kleine Gegenstände aus Silber 958/1000

1094

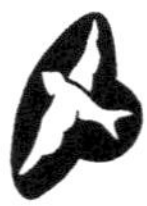

TSCHECHOSLOWAKEI,
1. 1. 1944—25. 1. 1949
exportierte Gegenstände aus Edelmetallen; gültig für das Gebiet der Slowakei

1095

BRAGA (P), 1886—1911;
GONDOMAR (P),
1913—1938;
hohle Gegenstände aus Gold und Silber;
Gegenstände aus Filigran

1096

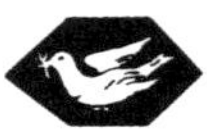

PORTO (P), 1886—1938;
hohle Gegenstände aus Gold und Silber;
Gegenstände aus Filigran

1097 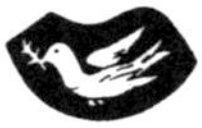

LISSABON (P), 1886—1938;
hohle Gegenstände aus
Gold und Silber;
Gegenstände aus Filigran

1098 

PORTO (P), ab 1938;
hohle Gegenstände aus
Gold und Silber;
Gegenstände aus Filigran

1099 

GONDOMAR (P), ab 1938;
hohle Gegenstände aus Gold
und Silber; Gegenstände
aus Filigran

1100 

LISSABON (P), ab 1938;
hohle Gegenstände aus Gold
und Silber; Gegenstände
aus Filigran

1101 

JUGOSLAWIEN, ab 1933;
importierte Gegenstände
aus Gold 583/1000

1102 

FRANKREICH –
Départements, 1798—1809;
Gegenstände aus Gold
920/1000

1103 

PARIS (F), 1798—1809;
Gegenstände aus Gold
920/1000

1104 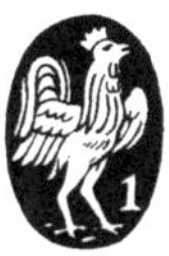

PARIS (F), 1809—1819;
Gegenstände aus Gold
920/1000

1105 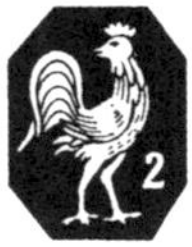

FRANKREICH –
Départements; 1809—1819;
Gegenstände aus Gold
840/1000

1106 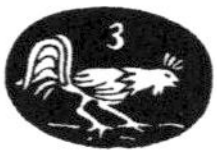

FRANKREICH, 1798—1809;
Gegenstände aus Gold
750/1000

1107 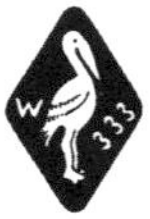

1108 

POLEN, ab 1931;
Eheringe 333/1000
Bedeutung des Buchstaben
siehe Nr. 742

1109 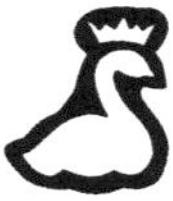

VALENCIENNES (F),
2. Hälfte d. 18. Jh.;
décharge; Gegenstände aus
Gold und Silber

1110 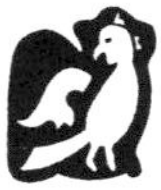

VITRÉ (F), 1756—1762;
décharge; alle Gegenstände
aus Edelmetallen

1111 

TOURS (F), 2. Hälfte
d. 17. Jh.;
décharge; Gegenstände aus
Gold und Silber

1112 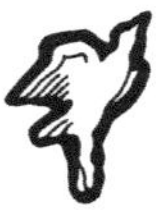

TOULOUSE (F), 1775;
alle Gegenstände aus
Edelmetallen

1113 

TOULOUSE (F) –
généralité und
MONTAUBAN (F) –
généralité;
Gegenstände aus Gold
916/1000; kleine
Gegenstände aus Silber
958/1000

1114

TOULOUSE (F), 1774—1780;
décharge; Gegenstände aus
Gold 916/1000; kleine
Gegenstände aus Silber
843/1000

1115 

MAROKKO, 1925;
Gegenstände mit niederem
Feingehalt im Augenblick
der „recense"
x Bedeutung des
Buchstaben: F – Fes;
M – Marrakesch

1116

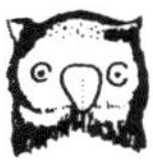

TOURS (F), 1774—1780; décharge; Gegenstände aus Gold 916/1000; kleine Gegenstände aus Silber 843/1000

1117

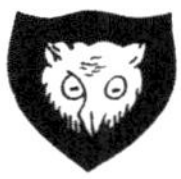

POLEN, 1931—1963; der Stempel bestätigt die Gültigkeit des ursprünglichen Feingehaltsstempels

1118

UNGARN, 1937—1965; Gegenstände aus Platin 950/1000

1119

POLEN, ab 1963; der Stempel bestätigt die Gültigkeit des ursprünglichen Stempels

1120

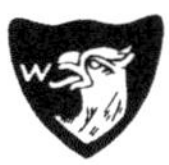

POLEN, ab 1963; Palladium für zahnärztlichen Gebrauch 333/1000

1121

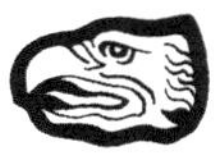

FRANKREICH – Départements, 1. 9.—31. 10. 1809; sog. recense générale; mittelgroße Gegenstände

1122

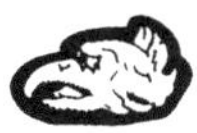

FRANKREICH, 1780—1783; Garantie; importierte Gegenstände aus Gold und Silber

1123

TSCHECHOSLOWAKEI, ab 1. 1. 1944; kleinere (ab 1962 auch größere) Gegenstände aus Gold 986/1000; 1944—25. 1. 1949 nur für das Gebiet der Slowakei gültig

1124 

TSCHECHOSLOWAKEI, ab 1. 1. 1944; kleinere Gegenstände aus Gold (ab 1962 auch größere) 900/1000; 1944—25. 1. 1949 nur für das Gebiet der Slowakei gültig

1125 

1126 

TSCHECHOSLOWAKEI, 1. 1. 1944—25. 1. 1949; kleinere Gegenstände aus Gold 750 und 585/1000; nur für das Gebiet der Slowakei gültig

1127 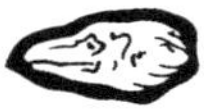

TOULOUSE (F), 1780—1791; décharge; Gegenstände aus Gold 916/1000; kleine Gegenstände aus Gold 843/1000

1128 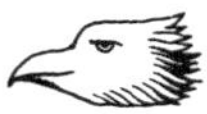

PARIS (F), 1774—1780; décharge; Gegenstände aus Gold 916/1000; Gegenstände aus Silber 958/1000

1129 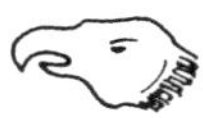

PARIS (F), 1744—1750; décharge; Gegenstände aus Gold 916 und 843/1000; Gegenstände aus Silber 958/1000

1130 

FRANKREICH, 1791; exportierte Gegenstände

1131 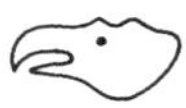

FRANKREICH, 1732—1738; décharge; große Gegenstände aus Gold 916/1000; kleine Gegenstände aus Gold 843/1000

1132 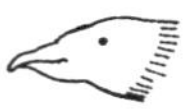

PARIS (F), 1782; décharge; kleine Gegenstände aus Gold 843/1000; kleine Gegenstände aus Silber 958/1000

1133 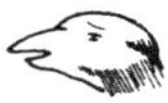

PARIS (F), 1732—1738; décharge; mittelgroße Gegenstände aus Gold 916/1000; mittelgroße Gegenstände aus Silber 958/1000

1134 

FRANKREICH – Départements, 1809—1819; sog. petite garantie für Gegenstände aus Gold

1135 

FRANKREICH – Départements, 1798—1809; sog. petite garantie für Gegenstände aus Gold

1136 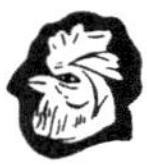

TUNESIEN, 1917—1940; kleine Gegenstände aus Gold 375—750/1000

1137 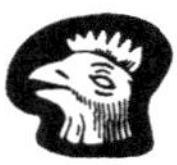

PARIS (F) 1809—1819; sog. petite garantie für Gegenstände aus Gold

1138 

TSCHECHOSLOWAKEI, 1921—1928; ab 1949 bis heute; kleinere (ab 1962 auch größere) Gegenstände aus Gold 750/1000

1139 

PARIS (F), 1780—1782; décharge; Gegenstände aus Gold 916/1000; kleine Gegenstände aus Silber 843/1000

1140 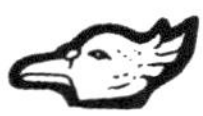

PARIS (F), 1783—1786; décharge; Gegenstände aus Gold 916/1000

1141 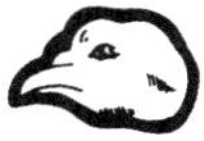

BOURG-EN-BRESSE (F), 1768—1774; importierte Gegenstände aus Edelmetallen

1142

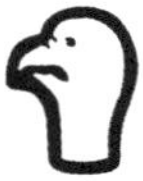

SAUMUR (F), 1756—1762; charge; für alle Gegenstände aus Edelmetallen

1143

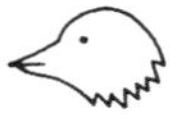

FRANKREICH, 1750—1756; décharge; Gegenstände aus Gold 916/1000; Gegenstände aus Silber

1144

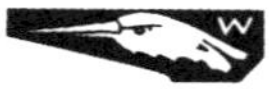

ÖSTERREICH, ab 1931; importierte kombinierte Gegenstände (Gold und Silber); Bedeutung des Buchstaben siehe Nr. 930

1145

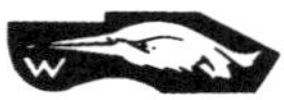

ÖSTERREICH, ab 1925; aus Gold und Silber kombinierte Gegenstände; Bedeutung des Buchstaben siehe Nr. 930

1146

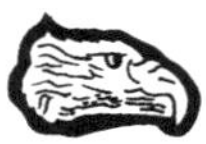

FRANKREICH; sog. petite garantie; Paris ab 1. 1. 1847; Provinzen ab 1. 7. 1919

1147

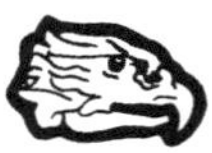

PARIS (F), 1847—1919; kleine Gegenstände aus Gold; garantiert nur den minim. Feingehalt 750/1000

1148

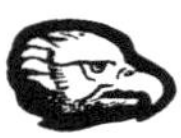

PARIS (F), 1838—1846; kleine Gegenstände aus Gold

1149

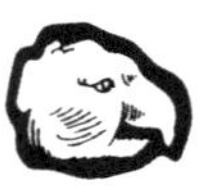

BEAUMONT-SUR-OISE (F), 1768—1774; décharge; Gegenstände aus Gold 916/1000; Gegenstände aus Silber 958/1000

1150
1151
1152

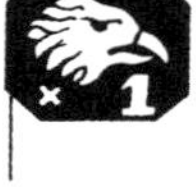

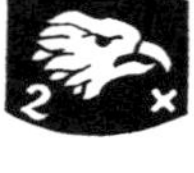

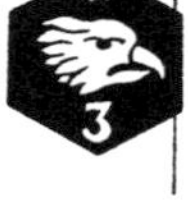

FRANKREICH, ab 1919; Gegenstände aus Gold 920, 840 und 750/1000
x = anstelle des Stempels der Prüfungsbehörde

1153	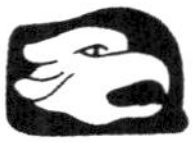	PARIS (F), 1. 1.—19. 6. 1798; kleine Gegenstände aus Gold minim. 750/1000
1154	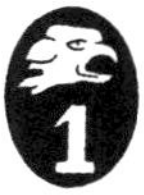	PARIS (F), 1. 1.—19. 6. 1798; Gegenstände aus Gold 920/1000
1155	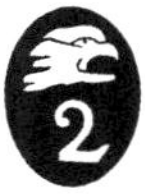	PARIS (F), 1. 1.—19. 6. 1798; Gegenstände aus Gold 840/1000
1156		PARIS (F), 1. 1.—19. 6. 1798; Gegenstände aus Gold 750/1000
1157	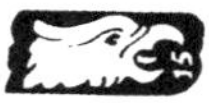	JUGOSLAWIEN, ab 1933; importierte Gegenstände aus Gold 583/1000 oder aus Silber 800/1000
1158		PARIS (F), 1717, contremarque; alle Gegenstände aus Edelmetallen
1159		CHÂTEAU-GONTIER (F), 18. Jh.: décharge; alle Gegenstände aus Edelmetallen
1160	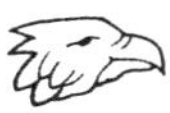	PARMA (I), und PIACENZA (I), 1818—1872; kleine Gegenstände aus Gold 833 und 750/1000
1161	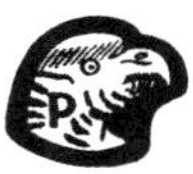	LISSABON (P), ab 1938; Gegenstände aus Platin minim. 500/1000
1162	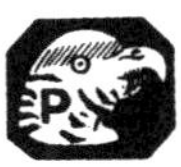	PORTO (P), ab 1938; Gegenstände aus Platin minim. 500/1000 In der Gegenwart nicht verwendet

1163

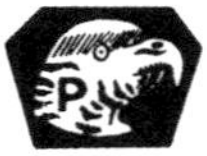

GONDOMAR (P), ab 1938;
Gegenstände aus Platin
minim. 500/1000
In der Gegenwart nicht
verwendet

1164

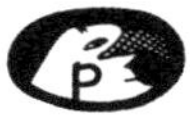

LISSABON (P), 1920—1938;
Gegenstände aus Platin
minim. 500/1000

1165

PORTO (P), 1920—1938;
Gegenstände aus Platin
minim. 500/1000

1166

GONDOMAR (P),
1920—1938;
Gegenstände aus Platin
minim. 500/1000

1167

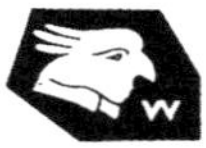

ÖSTERREICH, 1925—1931;
aus Gold und Silber
kombinierte importierte
Gegenstände; Bedeutung
des Buchstaben siehe Nr. 930

1168

TSCHECHOSLOWAKEI,
1921—1929;
ab 1949 bis heute; kleinere
(ab 1962 auch größere)
Gegenstände aus Gold
580/1000 (ab 1949 585/1000)

1169

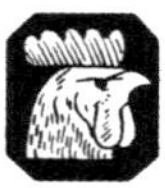

PORTO (P), ab 1938;
kombinierte
Schmuckstücke aus
Edelmetallen

1170

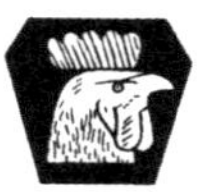

GONDOMAR (P), 1938;
kombinierte
Schmuckstücke aus
Edelmetallen

1171

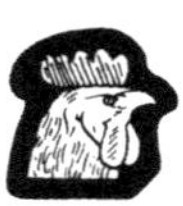

LISSABON (P), ab 1938;
kombinierte
Schmuckstücke aus
Edelmetallen

1172 

FRANKREICH –
Départements, 1809—1819;
sog. petite garantie für
Gegenstände aus Gold ohne
„garniture“

1173 

PARIS (F), 1809—1819;
sog. Garantie für kleine
Gegenstände aus Gold mit
„garniture“

1174 

PARIS (F), 1798—1809;
sog. Garantie für kleine
Gegenstände aus Gold

1175 

LISSABON (P), Beginn
d. 19. Jh.;
Gegenstände aus Gold

1176 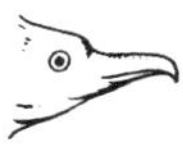

AIX (F), 1774—1780;
décharge; Gegenstände aus
Gold 916/1000; kleine
Gegenstände aus Silber
843/1000

1177 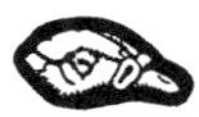

AIX (F) – généralité,
1774—1780;
décharge; Gegenstände aus
Gold und kleine
Gegenstände aus Silber

1178 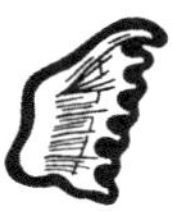

ÉTAMPES (F), 1768—1774;
contremarque; Gegenstände
aus Gold 916/1000;
Gegenstände aus Silber
958/1000

1179 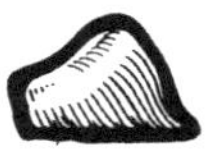

CHARTRES (F), 1774—1780;
décharge; Gegenstände aus
Gold 916/1000;
Gegenstände aus Silber
958/1000

1180 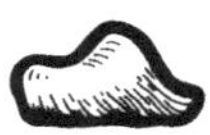

LYON (F), 1768—1774;
contremarque; Gegenstände
aus Gold 916/1000;
Gegenstände aus Silber
958/1000

1181 

LAON (F), 1768—1774; décharge; Gegenstände aus Gold 916/1000; Gegenstände aus Silber 958/1000

1182 
1183 
1184 

FRANKREICH, ab 1920; für den Export bestimmte Medaillen aus Gold 920, 840 und 750/1000

1185 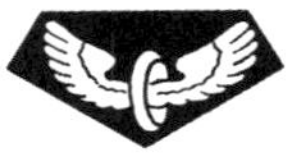

TSCHECHOSLOWAKEI, 1929—1940; importierte Gegenstände aus Gold 250/1000

1186 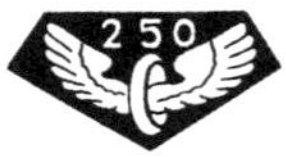

TSCHECHOSLOWAKEI, 1929—1940; für das Inland bestimmte Gegenstände aus Gold 250/1000

1187 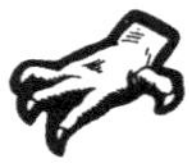

PONTOISE (F), 1768—1774; décharge; Gegenstände aus Gold 916/1000; Gegenstände aus Silber 958/1000

Andere Tierfiguren

1188 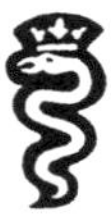

LE MANS (F), 1723; décharge; Gegenstände aus Gold 916/1000; Gegenstände aus Silber 958/1000

1189 

PORTO (P), ab 1938; aus Gold, Platin und Silber kombinierte Gegenstände – 800, 500 und 833/1000

1190 

GONDOMAR (P), 1938; aus Gold, Platin und Silber kombinierte Gegenstände – 800, 500 und 833/1000

1191

LISSABON (P), ab 1938; aus Gold, Platin und Silber kombinierte Gegenstände – 800, 500 und 833/1000

1192

1193

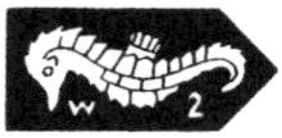

ÖSTERREICH, 1922—1925; importierte Gegenstände aus Gold 986 und 900/1000; Bedeutung des Buchstaben siehe Nr. 930

1194

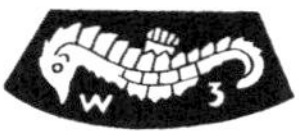

1195

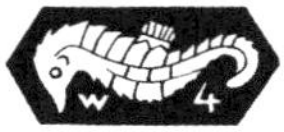

ÖSTERREICH, 1922—1925; importierte Gegenstände aus Gold 750 und 585/1000; Bedeutung des Buchstaben siehe Nr. 930

1196

NIEDERLANDE, 1859—1893; Steuerstempel für inländische Erzeugnisse

1197

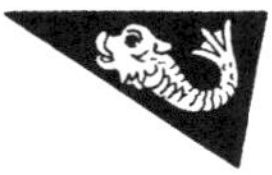

NIEDERLANDE, 1893—1906; Steuerstempel für inländische Erzeugnisse

1198

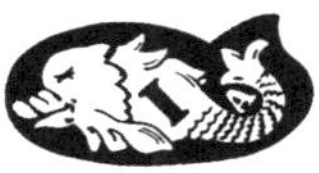

JUGOSLAWIEN, 1882—1922; kleine Gegenstände aus Gold 750/1000; gültig für das Gebiet des ehem. Königreichs Serbien

1199

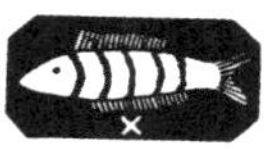

MAROKKO, ab 1925; Gegenstände aus Platin 950/1000; x = Buchstabe: F – Fes; M – Marrakesch

1200

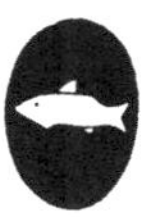

LEER (D), 1807—1812; Stempel der Prüfungsbehörde

1201 

JUGOSLAWIEN, ab 1933; Gegenstände aus Platin und Gold; Platin 950/1000; Gold 583/1000

1202 

PARIS (F), 1672; décharge; alle Gegenstände aus Edelmetallen

1203 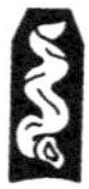

NANTES (F), 1731—1733; décharge; alle Gegenstände aus Edelmetallen

1204 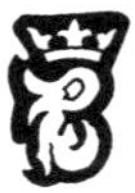

SAINT-MALO (F), 1748—1751; décharge; alle Gegenstände aus Edelmetallen

1205 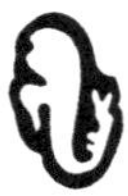

BREST (F), 1769—1771; alle Gegenstände aus Edelmetallen

1206 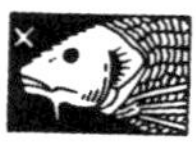

SCHWEIZ, 1. 7. 1934—30. 6. 1935; Übergangsstempel vor Inkrafttreten eines neuen Gesetzes; x = Bedeutung des Buchstaben siehe Nr. 611

1207 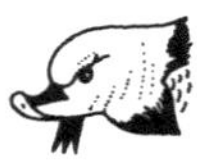

PARIS (F), 1782; contremarque; nach der Überprüfung angebracht; große Gegenstände aus Gold 916/1000 und große Gegenstände aus Silber 958/1000; kleine Gegenstände aus Gold 843/1000

1208 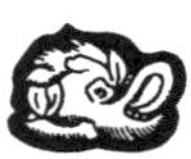

FRANKREICH, 1783—1784; exportierte Gegenstände aus Edelmetallen

1209 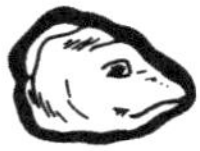

BRAY-SUR-SEINE (F), 1768—1774; décharge; Gegenstände aus Gold 916/1000; Gegenstände aus Silber 958/1000

1210 

ÖSTERREICH, ab 1923; importierte, mit einem anderen Edelmetall kombinierte Gegenstände aus Platin; Bedeutung des Buchstaben siehe Nr. 930

1211 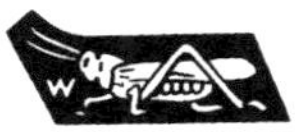

ÖSTERREICH, ab 1923; mit anderen Edelmetallen kombinierte Gegenstände aus Platin; Bedeutung des Buchstaben siehe Nr. 930

1212 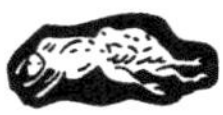

FRANKREICH, 1838—1864; importierte Gegenstände aus Gold und Silber (Uhren ausgenommen)

1213 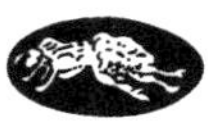

FRANKREICH, ab 1864; importierte Gegenstände minim. 750/1000; 1910—1912 Gegenstände aus Platin 950/1000

1214 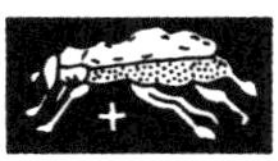

FRANKREICH, 1910—1912; importierte Gegenstände aus Platin 950/1000; + = Departement-Stempel

1215 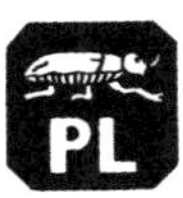

PORTO (P), 1886—1938; Plaqué-Uhren

1216 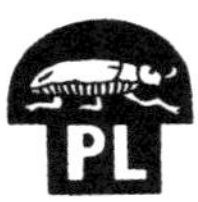

LISSABON (P), 1886—1938; Plaqué-Uhren

1217 

GONDOMAR (P),
ab 1938;
Plaqué-Uhren

1218 

PORTO (P), ab 1938;
Plaqué-Uhren

1219 

LISSABON (P), ab 1938;
Plaqué-Uhren

1220 

PORTO (P), 1912—1938;
Uhren aus gewöhnlichem
Metall

1221 

LISSABON (P), 1912—1938;
Uhren aus gewöhnlichem
Metall

1222 

FONTAINEBLEAU (F),
1768—1774;
contremarque; Gegenstände
aus Gold 916/1000;
Gegenstände aus Silber
958/1000

1223 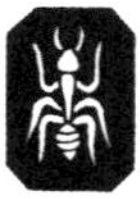

PORTO (P), ab 1938;
Gegenstände aus
Weißgold

1224 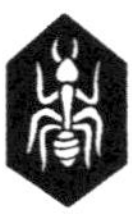

GONDOMAR (P), ab 1938;
Gegenstände aus Weißgold

1225 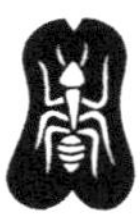

LISSABON (P), ab 1938;
Gegenstände aus Weißgold

1226	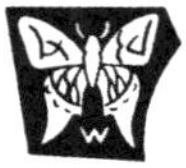	ÖSTERREICH, ab 1923; importierte Gegenstände aus Platin; Bedeutung des Buchstaben siehe Nr. 930
1227	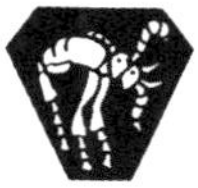	FRANKREICH – Division Centre, 1832—1838; sog. Garantie für kleine Gegenstände aus Gold
1228		PORTO (P), 1886—1888; vor 1886 hergestellte Gegenstände aus Gold; minim. 750/1000
1229		BRAGA (P), 1886—1888; vor 1886 hergestellte Gegenstände aus Gold; minim. 750/1000
1230	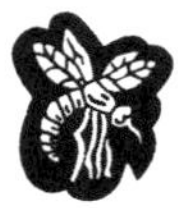	LISSABON (P), 1886—1888; vor 1886 hergestellte Gegenstände aus Gold; minim. 750/1000
1231		TSCHECHOSLOWAKEI, 1921 und 1929 Vorratsstempel für Gegenstände mit weniger als 650/1000; 1940—1949 Stempel für Gegenstände 333/1000
1232		MAROKKO, ab 1925; importierte Gegenstände aus Gold; x = Buchstabe: F – Fes, M – Marrakesch
1233	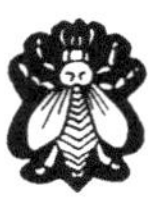	RENNES (F), 1732—1738; décharge; alle Gegenstände aus Edelmetallen

1234	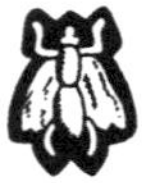	METZ (F), 1780—1791; décharge: aus Gold 916 und 843/1000; manchmal für kleine Gegenstände aus Silber
1235		PARIS (F), 1786—1789; décharge; Gegenstände aus Gold 916/1000; kleine Gegenstände aus Silber 958/1000
1236		LE MANS (F), 1774—1775; décharge; alle Gegenstände aus Edelmetallen
1237		COMPIÉGNE (F), 1768—1774; décharge; Gegenstände aus Gold 916/1000; Gegenstände aus Silber 958/1000
1238		GIEN (F), 1783—1774; décharge; Gegenstände aus Gold 916/1000; Gegenstände aus Silber 958/1000
1239	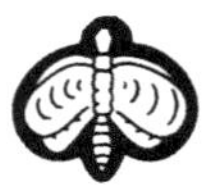	COULOMNIERS (F), 1768—1774; contremarque; Gegenstände aus Gold 916/1000; Gegenstände aus Silber 958/1000
1240		MONTARGIS (F), 1774—1780; contremarque; Gegestände aus Gold 916/1000; Gegenstände aus Silber 958/1000
1241		RENNES (F), 1744—1750; décharge: alle Gegenstände aus Edelmetallen

1242

SCHWEIZ, 1880—1883;
vor 1880 hergestellte Gegenstände, die dem amtlich festgesetzten Feingehalt entsprechen

1243

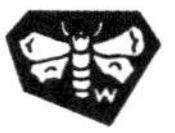

ÖSTERREICH, ab 1923;
Gegenstände aus Platin 950/1000; Bedeutung des Buchstaben siehe Nr. 930

1244

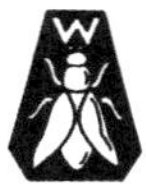

ÖSTERREICH, 1938—1946;
kleine Gegenstände aus Gold 333/1000; Bedeutung des Buchstaben siehe Nr. 930

1245

ÖSTERREICH, 1938—1946;
größere Gegenstände aus Gold 333/1000; Bedeutung des Buchstaben siehe Nr. 930

1246

FRANKREICH, 1860—1880;
in der Münzstätte von Paris hergestellte, für das Inland bestimmte Medaillen aus Edelmetallen

1247

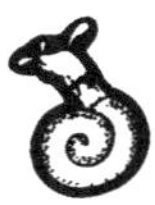

ROUEN (F), 1768—1774;
décharge; Gegenstände aus Gold 916/1000; Gegenstände aus Silber 958/1000

1248

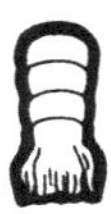

ROUEN (F), 1768—1774;
décharge; mittelgroße Gegenstände aus Gold 916/1000 und aus Silber 958/1000

1249

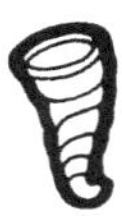

TOURNUS (F), 1768—1774;
importierte Gegenstände aus Edelmetallen

1250 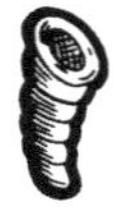 PROVINS (F), 1768—1774; décharge; Gegenstände aus Gold 916/1000; Gegenstände aus Silber 958/1000

1251 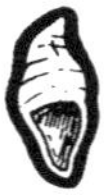 PARIS (F), 1768—1774; décharge; importierte Gegenstände aus Edelmetallen

1252  TOULOUSE (F), 2. Hälfte d. 17. Jh.; décharge; alle Gegenstände aus Edelmetallen

1253  PARIS (F), 1756—1762; décharge; Gegenstände aus Gold 843/1000; kleine Gegenstände aus Silber 958/1000

1254 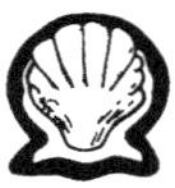 BORDEAUX (F), 1780—1791; décharge; Gegenstände aus Gold 916/1000; kleine Gegenstände aus Silber

1255 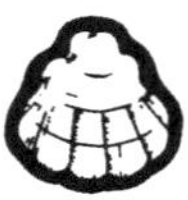 PÉRONNE (F), 1768—1774; contremarque; Gegenstände aus Gold 916/1000; Gegenstände aus Silber 958/1000

PFLANZEN

1256 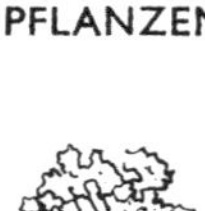 SENEGAL, ab 1950; Gegenstände aus Gold 750/1000

1257 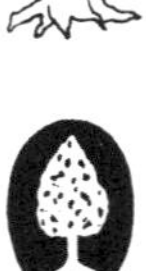 BERGEN OP ZOOM (NL), 1807—1812; Stempel der Prüfungsbehörde

1258 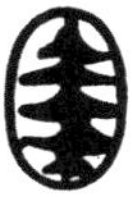

LIBANON – nördliches Gebiet;
staatlicher Kontrollstempel für Gold

1259
1260
1261 

TRIESTE, vor 1807;
Stempel für Gold Nr. 1, 2 und 3; veränderliche Jahreszahl; 1 = 326/1000;
2 = 545/1000;
3 = 767/1000

1262 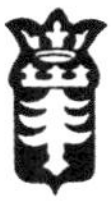

MONTAUBAN (F), um Mitte d. 18. Jh.;
décharge; alle Gegenstände aus Edelmetallen

1263 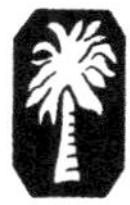

ALGERIEN, ab 1963;
Gegenstände aus Plantin

1264 

TSCHECHOSLOWAKEI,
1. 1. 1944—25. 1. 1949;
importierte Gegenstände aus Gold 250/1000; gültig für das Gebiet der Slowakei

1265 

DIJON (F), 1768—1774;
importierte Gegenstände aus Edelmetallen

1266 

BORDEAUX (F), 2. Hälfte d. 18. Jh.;
décharge; alle Gegenstände aus Edelmetallen

1267 

FRANKREICH, 1783—1789;
décharge; sehr kleine Gegenstände aus Gold 843/1000

1268 

UNGARN, ab 1965;
importierte Gegenstände aus Platin 950/1000

1269 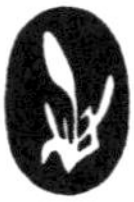

ARNHEM (NL), 1807—1812;
Stempel der
Prüfungsbehörde

1270 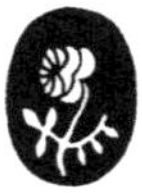

DORDRECHT (NL),
1807—1812;
Stempel der
Prüfungsbehörde

1271 

NIEDERLANDE, ab 1953;
kleine Gegenstände aus
Gold 750/1000

1272 

EDINBURGH (GB), ab 1798;
Gegenstände aus
18karätigem Gold
(750/1000)

1273 

EDINBURGH (GB), ab 1798;
Gegenstände aus
22karätigem Gold
(916.6/1000)

1274 

FRANKREICH – Division
Centre, 1819—1838;
sog. Garantie für kleine
Gegenstände aus Gold

1275 

HANNOVER (D), 18 Jh.;
Stempel der
Hofgoldschmiede für
Gegenstände aus Gold

1276 

DIJON (F), 1762—1768;
décharge; alle Gegenstände
aus Edelmetallen

1277 

MARSEILLE (F), 1753;
décharge; alle Gegenstände
aus Edelmetallen

1278 

GRASSE (F), 1769;
décharge; alle Gegenstände
aus Edelmetallen

1279 

SAINT-OMER (F), 17. Jh.;
décharge; alle Gegenstände
aus Edelmetallen

1280 

VITRY-LE-FRANÇOIS (F),
2. Hälfte d. 18. Jh.;
décharge; alle Gegenstände
aus Edelmetallen

1281 

STRASBOURG (F), 1674;
importierte Gegenstände
aus Edelmetallen

1282 

LA ROCHELLE (F) –
généralité, 1744—1750;
alle Gegenstände aus
Edelmetallen

1283 

SAINTE-MENEHOULD (F),
1760—1774;
charge; alle Gegenstände
aus Edelmetallen

1284 

SAINTE-MENEHOULD (F),
1750;
charge; alle Gegenstände
aus Edelmetallen

1285 

ANGERS (F) – généralité,
1734—1740;
décharge; alle Gegenstände
aus Edelmetallen

1286 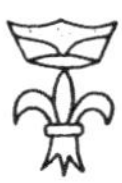

PARIS (F) 1717—1722;
décharge; große
Gegenstände aus Gold
916/1000; kleine
Gegenstände aus Gold
843/1000 (ab 23. 11. 1721);
Gegenstände aus Silber
958/1000

1287

CHÂLONS-SUR-MARNE (F), Beginn d. 18. Jh.; charge; alle Gegenstände aus Edelmetallen

1288

HEERENVEEN (NL), 1807—1812; Stempel der Prüfungsbehörde

1289

MONTPELLIER (F), 1744—1750; décharge; Gegenstände aus Gold 843 und 916/1000; Gegenstände aus Silber 958/1000

1290

MONTPELLIER (F) – généralité, 1. Hälfte d. 18. Jh.; charge; alle Gegenstände aus Edelmetallen

1291

MAUBEUGE (F), 18. Jh.; décharge; alle Gegenstände aus Edelmetallen

1292

TOULOUSE (F) – généralité, 1762—1768; alle Gegenstände aus Edelmetallen

1293

PARIS (F), 1717—1722; décharge; große Gegenstände aus Gold 916/1000; kleine Gegenstände aus Gold 843/1000 (ab 23. 11. 1721); Gegenstände aus Silber 958/1000

1294

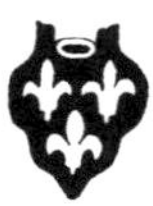

BÉZIERS (F), Ende d. 18. Jh.; décharge; alle Gegenstände aus Edelmetallen

1295 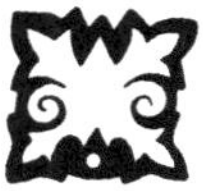

PARIS (F), 1717—1722; décharge; alle Gegenstände aus Edelmetallen

1296 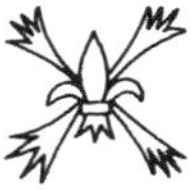

PARIS (F), 1717—1722, décharge; große Gegenstände aus Gold 916/1000; kleine Gegenstände aus Gold 843/1000 (ab 23. 11. 1721); Gegenstände aus Silber 958/1000

1297 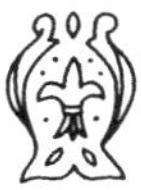

PARIS (F), 1726—1732; décharge; Gegenstände aus Gold 916 und 843/1000; Gegenstände aus Silber 958/1000

1298 

RENNES (F) – généralité, 1717—1722; alle Gegenstände aus Edelmetallen

1299 

STRASBOURG (F), 1627; importierte Gegenstände aus Edelmetallen

1300 

SPANIEN, ab 1934; Gegenstände aus Platin 955/1000

1301 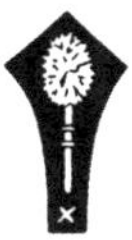

1302 

SCHWEIZ, ab 1934; Uhrgehäuse aus Gold minim. 375/1000; immer mit Feingehaltsstempel; x = Bedeutung des Buchstaben siehe Nr. 613

1303 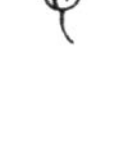

GRENOBLE (F), 1780—1791; décharge; Gegenstände aus Gold 916/1000; kleine Gegenstände aus Silber 843/1000

1304

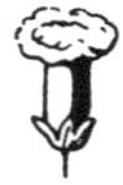

PARIS (F), 1782; décharge; sehr kleine Gegenstände aus Gold 843/1000; sehr kleine Gegenstände aus Silber 958/1000

1305

BAYONNE (F), 1780—1791; décharge; Gegenstände aus Gold 916/1000; kleine Gegenstände aus Silber 843/1000

1306

PARIS (F), 1762—1768; décharge; Gegenstände aus Gold 916/1000; Gegenstände aus Silber 958/1000

1307

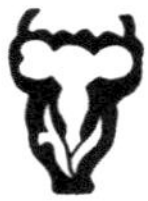

MARSEILLE (F), 1742; décharge; alle Gegenstände aus Edelmetallen

1308

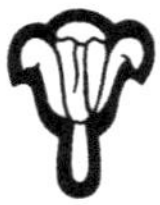

VERDUN (F), 1744—1750; décharge; Gegenstände aus Gold 916/1000; Gegenstände aus Silber 958/1000

1309

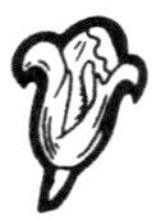

AUTUN (F), 1768—1774; importierte Gegenstände aus Edelmetallen

1310

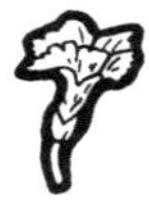

GEX (F), 1768—1774; importierte Gegenstände aus Edelmetallen

1311

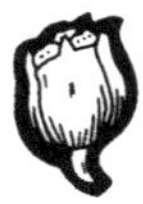

LYON (F), 1768—1774; décharge; alte Gegenstände aus Gold

1312

LANGRES (F), 1768—1774; importierte Gegenstände aus Edelmetallen

1313	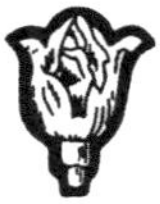	AIX (F), 1780—1791; décharge; Gegenstände aus Gold 916/1000 und kleine Gegenstände aus Silber
1314	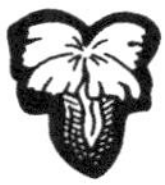	PARIS (F), 1783—1784; décharge; sehr kleine Gegenstände aus Gold 843/1000
1315	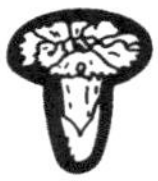	GRENOBLE (F), 1780—1791; décharge; Gegenstände aus Gold 916/1000 und kleine Gegenstände aus Silber
1316		MANTES (F), 1768—1774; décharge; Gegenstände aus Gold 916/1000; Gegenstände aus Silber 958/1000
1317	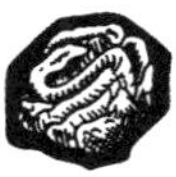	VERSAILLES (F), 1780—1791; décharge; Gegenstände aus Gold 916/1000; kleine Gegenstände aus Silber 843/1000
1318	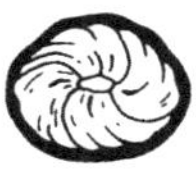	DREUX (F), 1768—1774; décharge; Gegenstände aus Gold 916/1000; Gegenstände aus Silber 958/1000
1319	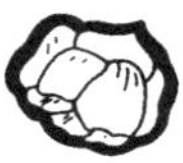	MÉZIÈRES (F), 1768—1774; importierte Gegenstände aus Edelmetallen
1320	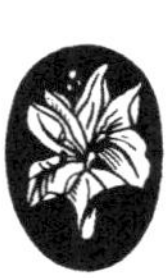	PARIS (F), 16. 8.—16. 11. 1819; sog. recense für große Gegenstände aus Gold und Silber
1321	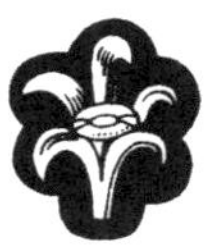	PARIS (F), 16. 8.—16. 11. 1819; sog. recense für kleine Gegenstände aus Gold und Silber

1322

FRANKREICH – Départements, 1819—1838; importierte große Gegenstände aus Edelmetallen

1323

PARIS (F), 1768—1774, charge; Gegenstände aus Gold 916/1000; mittelgroße Gegenstände aus Silber 958/1000

1324

ABBEVILLE (F), 1768—1774; contremarque; Gegenstände aus Gold 916/1000; Gegenstände aus Silber 958/1000

1325

CRÉPY (F), 1768—1774; décharge; Gegenstände aus Gold 916/1000; Gegenstände aus Silber 958/1000

1326

GIEN (F), 1774—1780; contremarque; Gegenstände aus Gold 916/1000; mittelgroße Gegenstände aus Silber 958/1000

1327

CLERMONT (F), 1768—1774; décharge; Gegenstände aus Gold 916/1000; Gegenstände aus Silber 958/1000

1328

MELUN (F), 1768—1774; décharge; Gegenstände aus Gold 916/1000; Gegenstände aus Silber 958/1000

1329

LIESSE (F), 1768—1774; kleine Gegenstände aus Gold 823/1000; kleine Gegenstände aus Silber 950/1000

1330

TSCHECHOSLOWAKEI, ab 1. 1. 1944; ältere Gegenstände aus Platin; 1944—25. 1. 1949 nur für das Gebiet der Slowakei gültig

1331

SHEFFIELD (GB), ab 1904; Stempel der Prüfungsbehörde für Gegenstände aus Gold

1332

MAROKKO, 1899; Gegenstände aus Gold und Silber

1333

SAINT-GERMAIN (F), 1768—1774; Gegenstände aus Gold 916/1000; mittelgroße Gegenstände aus Silber 958/1000

1334

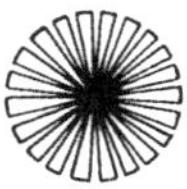

PARIS (F), 1786—1789; décharge; Gegenstände aus Gold 916/1000

1335

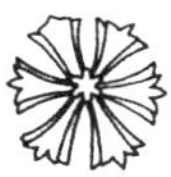

PARIS (F), 1768—1774; décharge; Gegenstände aus Gold 916/1000; Gegenstände aus Silber 958/1000

1336

BORDEAUX (F), 2. Hälfte d. 18. Jh.; Gegenstände aus Gold 916/1000; Gegenstände aus Silber 958/1000

1337

MONTPELLIER (F), 1780—1791; décharge; Gegenstände aus Gold 916/1000; kleine Gegenstände aus Silber 843/1000

1338

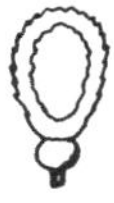

AIX (F), 1780—1791; décharge; Gegenstände aus Gold 916/1000; kleine Gegenstände aus Silber 843/1000

1339

FRANKREICH, nach 1791; sehr kleine Gegenstände aus Edelmetall

1340

PARIS (F), 1726—1732; décharge; kleine Gegenstände aus Gold 843/1000; kleine Gegenstände aus Silber 958/1000

1341

PARIS (F), 1762—1768; charge; Gegenstände aus Gold 916/1000; kleine Gegenstände aus Silber 958/1000

1342

PARIS (F), 1762—1768; décharge; kleine Gegenstände aus Gold 843/1000; kleine Gegenstände aus Silber 958/1000

1343

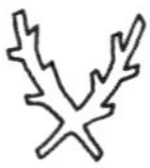

PARIS (F), 1762—1768; décharge; kleine Gegenstände aus Gold 843/1000; kleine Gegenstände aus Silber 958/1000

1344

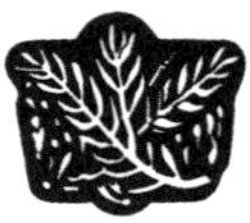

TUNESIEN, ab 1942; Gegenstände aus Platin 950/1000

1345

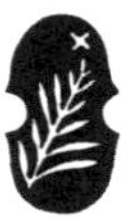

MAROKKO, 1925; Vorratsstempel für Edelmetalle; + = Buchstabe: F – Fes; M – Marrakesch

1346

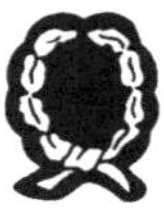

GRENOBLE (F), 1768—1774; importierte Gegenstände aus Edelmetallen

1347

TUNESIEN, 1917; Vorratsstempel für Edelmetalle

1348

PARIS(F),1687—1691;charge; Gegenstände aus Gold und kleine Gegenstände aus Silber

1349

VERSAILLES (F), 1768—1774; charge; Gegenstände aus Gold 916/1000; mittelgroße Gegenstände aus Silber 958/1000

1350

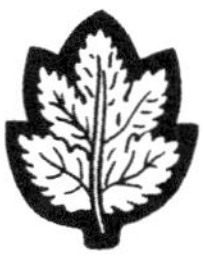

FRANKREICH – Départements, 1819—1838; importierte kleine Gegenstände

1351

1352

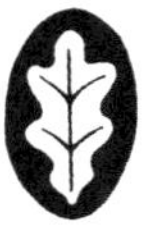

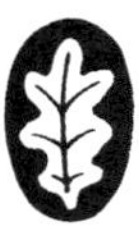

NIEDERLANDE, 1853—1906; kleine Gegenstände aus Gold 583/1000

1353

SEURRE (F), 1768—1774; importierte Gegenstände aus Edelmetallen

1354

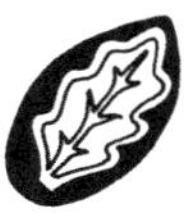

PARIS (F), 1789—1792; décharge; Gegenstände aus Gold 916/1000

1355

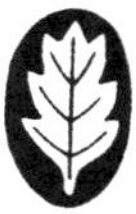

NIEDERLANDE, 1906—1953; Gegenstände aus Gold 583/1000

1356

NIEDERLANDE, ab 1953; große Gegenstände aus Gold 585/1000

1357

NIEDERLANDE, ab 1953;
kleine Gegenstände aus
Gold 585/1000

1358

PÉRONNE (F), 1768—1774;
importierte Gegenstände
aus Edelmetallen

1359

PARIS (F), 1774—1789;
décharge; Gegenstände aus
Gold 916/1000;
Gegenstände aus Silber
958/1000

1360

FRANKREICH, 1783—1789;
décharge; Gegenstände aus
Gold 916/1000; kleine
Gegenstände aus Silber
843/1000

1361

JUGOSLAWIEN, ab 1933;
Gegenstände aus Platin
950/1000

1362

NIEDERLANDE, ab 1953;
kleine Gegenstände aus
Gold 833/1000

1363

PARIS (F), 1750—1756;
décharge; Gegenstände aus
Gold 843/1000;
Gegenstände aus Silber
958/1000

1364

SENS (F), 1768—1774;
contremarque;
Gegenstände aus Gold
916/1000;
Gegenstände aus Silber
958/1000

1365

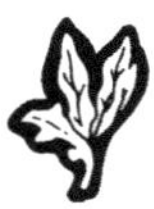

SAINT-DIZIER (F),
1768—1774;
importierte Gegenstände
aus Edelmetallen

1366		BAILE ÁTHA CLIATH (Dublin) (EIR), 1904—1906; importierte Gegenstände aus Gold
1367	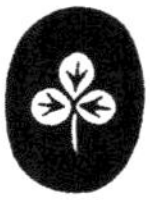	MEPPEL (NL), 1807—1812; Stempel der Prüfungsbehörde
1368		JUGOSLAWIEN, ab 1933; exportierte Gegenstände aus Edelmetallen
1369		TSCHECHOSLOWAKEI, 1. 1. 1944—25. 1. 1949; ältere Gegenstände aus Gold 250/1000; nur für das Gebiet der Slowakei gültig
1370		PARIS (F), 1703—1713; décharge; kleine Gegenstände aus Gold 916/1000; kleine Gegenstände aus Silber 958/1000
1371		MAROKKO, um 1900; Gegenstände aus 18karätigem Gold; Gegenstände aus Silber 800/1000
1372	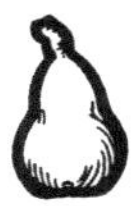	SEMUR-EN-BRIONNAIS (F), 1768—1774; importierte Gegenstände aus Edelmetallen
1373	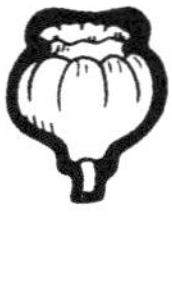	MONTPELLIER (F) – généralité, 1774—1780; décharge; Gegenstände aus Gold 916/1000; kleine Gegenstände aus Silber 958/1000

1374 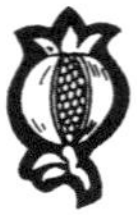 LYON (F), 1768—1774; décharge; große Gegenstände aus Gold oder ältere Gegenstände aus Silber

1375 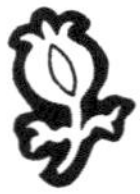 MONTPELLIER (F), 1768—1774; décharge; alle Gegenstände aus Edelmetallen

1376  BORDEAUX (F), 2. Hälfte d. 18. Jh.; décharge; Gegenstände aus Gold 916/1000; Gegenstände aus Silber 958/1000

1377 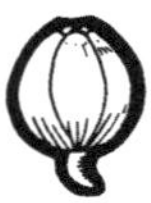 BLOIS (F), 1774—1780; contremarque; Gegenstände aus Gold 916/1000; Gegenstände aus Silber 958/1000

1378 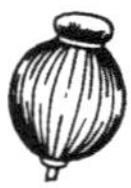 MONTPELLIER (F), 1774—1780; Gegenstände aus Gold 916/1000; kleine Gegenstände aus Silber 843/1000

1379  LOUHANS (F), 1768—1774; importierte Gegenstände aus Edelmetallen

1380 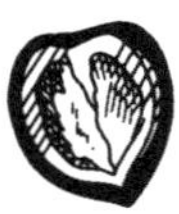 ROUEN (F) – généralité, 1774—1780; décharge; Gegenstände aus Gold 916/1000; kleine Gegenstände aus Silber 958/1000

1381 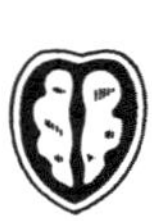 ROUEN (F), 1774—1780; décharge; Gegenstände aus Gold 916/1000; kleine Gegenstände aus Silber 843/1000

1382	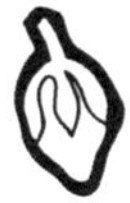	FRANKREICH, 1774—1780; sehr kleine Gegenstände aus Gold 843 und 916/1000; sehr kleine Gegenstände aus Silber
1383	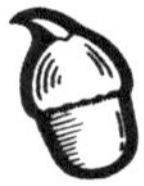	VILLEFRANCHE-EN- -BEAUJOLAIS (F), 1768—1774; importierte Gegenstände aus Edelmetallen
1384		CHESTER (GB), ab 1904; importierte Gegenstände aus Gold
1385	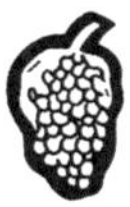	MANTES (F), 1768—1774; contremarque; Gegenstände aus Gold 916/1000; Gegenstände aus Silber 958/1000
1386		ALGERIEN, ab 1967; Gegenstände aus Gold mit Feingehalt Nr. 1
1387		ALGERIEN, ab 1967; Gegenstände aus Gold mit Feingehalt Nr. 2
1388		ALGERIEN, ab 1967; Gegenstände aus Gold mit Feingehalt Nr. 3
1389		ALGERIEN, ab 1967; kleine Gegenstände aus Gold
1390	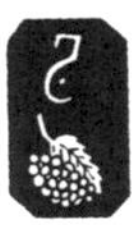	ALGERIEN, ab 1967; ältere Gegenstände aus Gold

1391 1392	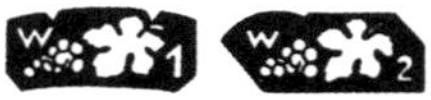	ÖSTERREICH, ab 1925; importierte Gegenstände aus Gold 986 und 900/1000; Bedeutung des Buchstaben siehe Nr. 930
1393 1394	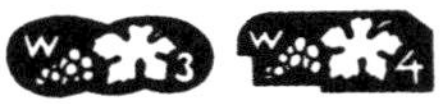	ÖSTERREICH, ab 1925; importierte Gegenstände aus Gold 750 und 585/1000; Bedeutung des Buchstaben siehe Nr. 930
1395 1396	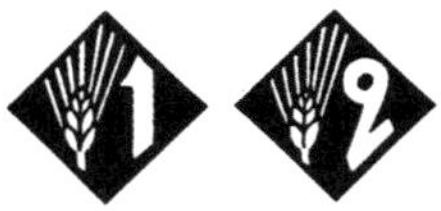	ITALIEN, ab 1935; Gegenstände aus Gold 750 und 585/1000
1397 1398	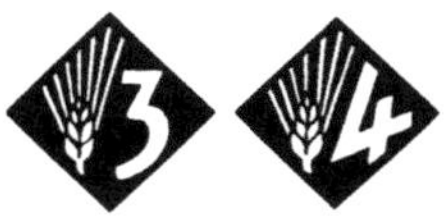	ITALIEN, ab 1935; Gegenstände aus Gold 500 und 333/1000
1399 1400 1401 1402	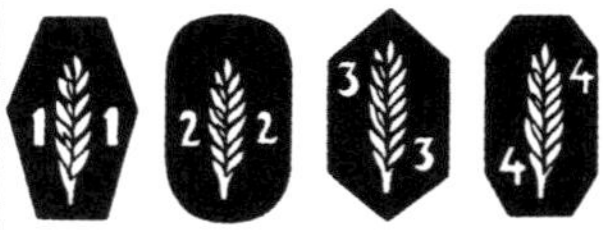	TUNESIEN, 1905—1917; große Gegenstände aus Gold 840, 750, 583 und 375/1000
1403 1404		JUGOSLAWIEN, ab 1933; kleine Gegenstände aus Gold 950 und 840/1000
1405 1406	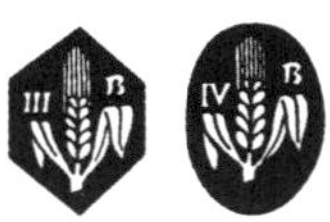	JUGOSLAWIEN, ab 1933; kleine Gegenstände aus Gold 750 und 583/1000

1407 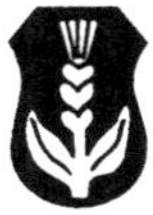

TSCHECHOSLOWAKEI, ab 1. 1. 1944; alte Gegenstände aus Gold; im Zeitraum 1944—25. 1. 1949 nur für das Gebiet der Slowakei gültig

1408 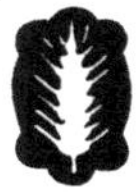

LIBANON, ab 1953; staatlicher Kontrollstempel

1409 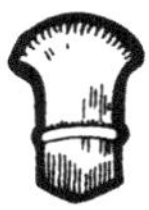

BEAUNE (F), 1768—1774; importierte Gegenstände aus Edelmetallen

Himmelskörper

1410 

JUGOSLAWIEN, 1922—1933; große Gegenstände aus Gold 750/1000

1411 

MODENA (I), 1818—1872; Goldbarren

1412 

LONDON (GB), 1904—1906; importierte Gegenstände aus Gold

1413 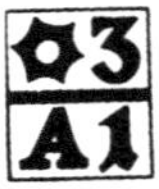

1414 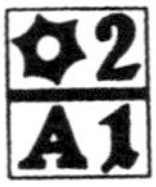

1415 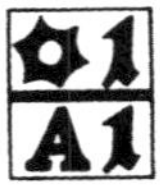

ÖSTERREICHISCH-
-UNGARISCHE
MONARCHIE, 1824—1866;
Stempel der
Filialpunzämter;
Gold Nr. 1 (326/1000);
Nr. 2 (545/1000);
Nr. 3 (767/1000);
veränderliche Jahreszahl;
Bedeutung des Buchstaben
im Stempel:

A1 – Wiener Neustadt (A)
A2 – St. Pölten (A)
A3 – Krems (A)
A4 – Waidhofen (A)
A5 – Ybbs (A)
B1 – Karlsbad (Karlovy Vary) (CS)
D1 – Przemyśl (PL)
D2 – Rzeszów (PL)
D3 – Bochnia (PL)
D4 – Stanislaw (Iwano-Frankowsk) (SU)
D5 – Tschernowzy (SU)
D6 – Brody (SU)
D7 – Tarnów (PL)
D8 – Tarnopol (Ternopol) (SU)
E1 – Bozen (Bolzano) (I)
E2 – Trient (Trento) (I)
F1 – Olmütz (Olomouc) (CS)
F2 – Troppau (Opava) (CS)
F3 – Znaim (Znojmo) (CS)
F4 – Iglau (Jihlava) CS)
F5 – Teschen (Těšín) (CS, PL)
G1 – Steyr (A)
G2 – Wels (A)
G3 – Ried (A)
L1 – Görz (Gorizia) (I)

1416 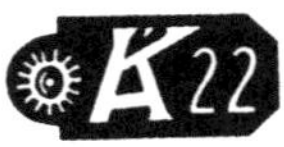

UNGARN, ab 1965;
importierte Gegenstände
aus Gold 916/1000

1417 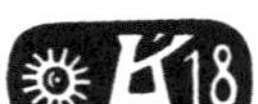

UNGARN, ab 1965;
importierte Gegenstände
aus Gold 750/1000

1418 

UNGARN, ab 1965;
importierte Gegenstände
aus Gold 585/1000

1419
1420

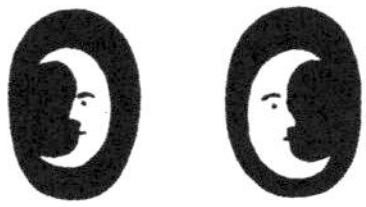

WINSCHOTEN (NL),
1807—1812;
Stempel der
Prüfungsbehörde

1421

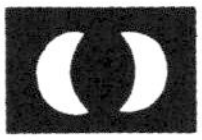

GROSSBRITANNIEN,
ab Februar 1942;
9karätige (Kriegs-Eheringe
374.9/1000) bis zum
Gewicht von 2 dwt (3 g 11)

1422
1423
1424

TÜRKEI, 1939—1943;
Gegenstände aus Gold 916,
833 und 750/1000

1425
1426
1427

TÜRKEI, 1939—1943;
Gegenstände aus Gold 666,
583 und 500/1000

1428
1429
1430

TÜRKEI, 1923—1928;
Gegenstände aus Gold 916,
750 und 583/1000

1431

CASABLANCA (MA),
vor 1925;
Gegenstände aus Gold
750/1000

1432

DOKKUM (NL),
1807—1812;
Stempel der
Prüfungsbehörde

1433

TUNESIEN, 1856—1905;
Feingehaltsstempel des
Prüfers;
von 1878—1905 Bestätigung
für die Entrichtung einer
Sondersteuer beim Verkauf
eines Gegenstands; wird
manchmal noch heute
verwendet

1434

FES (MA), vor 1925; Gegenstände aus Gold 916/1000

1435

ITALIEN, 1935; Kontrollstempel für Edelmetalle

1436

UdSSR, ab 7. 5. 1958; Erzeugnisse aus Edelmetallen; immer mit Prüfungsstempel

1437

AIX (F) – généralité, 1780; décharge; alle Gegenstände aus Edelmetallen

1438

1439

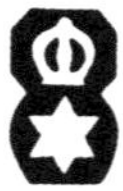

GUIMARÃES (P), 1881—1887; provisorischer staatlicher Stempel

1440

1441

BRAGA (P), 1881—1887; provisorischer staatlicher Stempel

1442

UdSSR, ab 1958; Gegenstände aus Gold und Platin; die Zahl gibt den Feingehalt an

1443

UdSSR, ab 1958; Erzeugnisse aus Palladium; die Zahl gibt den Feingehalt an

1444

MOSKAU (SU), ab 1958; in der Münzstätte von Moskau hergestellte Uhren aus Gold; 583 = Feingehalt des Metalls; 8 = letzte Ziffern der Jahreszahl

1445  TSCHECHOSLOWAKEI, ab 1968; Gegenstände aus Gold 375/1000

1446  GOUDA (NL), 1807—1812; Stempel der Prüfungsbehörde

1447 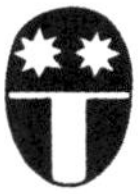 ROTTERDAM (NL), 1807—1812 Stempel der Prüfungsbehörde

1448  MONTPELLIER (F), 1756—1762; charge; alle Gegenstände aus Edelmetallen

Architektur

1449 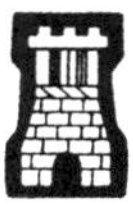 ROUEN (F), 1768—1774; décharge; alle Gegenstände aus Edelmetallen

1450 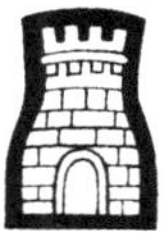 FRANKREICH – Division Nord-Est, 16. 8.—16. 11. 1819; sog. recense für kleine Gegenstände aus Gold und Gegenstände aus Silber

1451 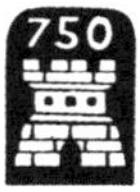

LISSABON (P), ab 1938; für den Export bestimmte Gegenstände; die Zahl gibt den Feingehalt an

1452 

PORTO (P), ab 1938; für den Export bestimmte Gegenstände, die Zahl gibt den Feingehalt an

1453 

GONDOMAR (P), ab 1938; für den Export bestimmte Gegenstände; die Zahl gibt den Feingehalt an

1454 

MIDDELBURG (NL), 1807—1812; Stempel der Prüfungsbehörde

1455 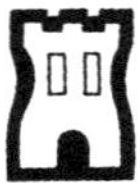

TOULOUSE (F), 1750—1756; charge; alle Gegenstände aus Edelmetallen

1456 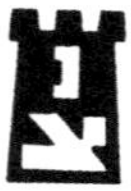

NAZARETH (IL); gegenwärtiger Stempel der Prüfungsbehörde

1457 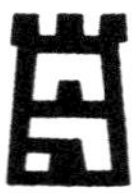

HAIFA (IL); gegenwärtiger Stempel der Prüfungsbehörde

1458 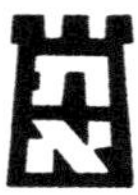

TEL AVIV (IL); gegenwärtiger Stempel der Prüfungsbehörde

1459 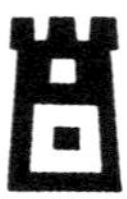

JERUSALEM (IL); gegenwärtiger Stempel der Prüfungsbehörde

1460 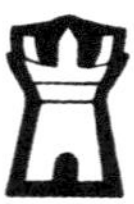

ORLÉANS (F) – généralité und MOULINS (F) – généralité, 1762—1768; décharge; alle Gegenstände aus Edelmetallen

1461 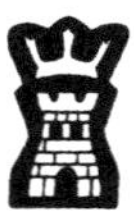

NÎMES (F), 1. Hälfte d. 18. Jh.; charge; alle Gegenstände aus Edelmetallen

1462

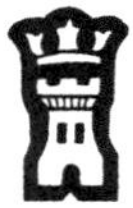

TOULON (F), 1771;
décharge; alle Gegenstände aus Edelmetallen

1463

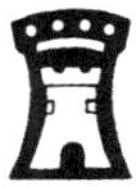

SAINTE-MENEHOULD (F), 1750;
décharge; alle Gegenstände aus Edelmetallen

1464

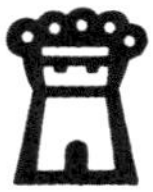

SAINTE-MENEHOULD (F), 1760—1774;
décharge; alle Gegenstände aus Edelmetallen

1465

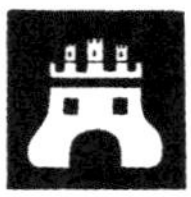

SPANIEN, ab 1934;
Gegenstände aus Gold 585/1000

1466

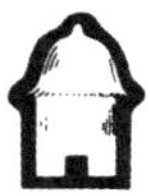

SAINT-GERMAIN (F), 1768—1774;
contremarque; alle Gegenstände aus Edelmetallen

1467

GORINCHEM (NL), 1807—1812;
Stempel der Prüfungsbehörde

1468

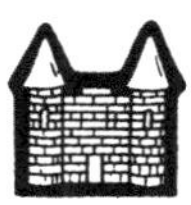

NOYON (F), 1768—1774;
décharge; Gegenstände aus Gold 916/1000;
Gegenstände aus Silber 958/1000

1469

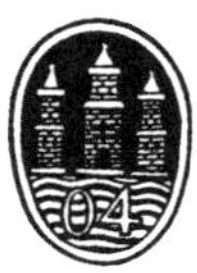

DÄNEMARK, ab 1. 1. 1893;
Gegenstände aus Gold minim. 585/1000;
04 = die beiden letzten Ziffern geben die laufende Jahreszahl an

	Gegenstände	
1470		TSCHECHOSLOWAKEI, ab 1929; Gegenstände aus Platin 950/1000
1471		TSCHECHOSLOWAKEI, ab 1929; importierte Gegenstände aus Platin
1472 1473	 	BULGARIEN, ab 1910; Gegenstände aus Gold 920 und 840/1000
1474 1475	 	BULGARIEN, ab 1910; Gegenstände aus Gold 750 und 583/1000
1476 1477	 	BULGARIEN, ab 1910; Gegenstände aus Gold 500 und 330/1000
1478	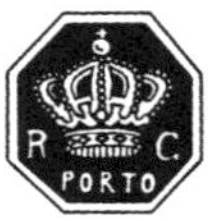	PORTO (P), 1886—1911; Gold- und Silberbarren
1479	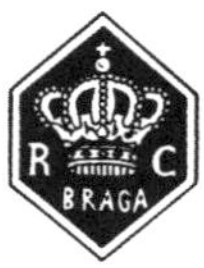	BRAGA (P), 1886—1911; Gold- und Silberbarren
1480		IRAN, ab 1967; Gegenstände aus Gold 750/1000

1481 

IRAN, ab 1967;
Gegenstände aus Gold
916.6/1000

1482 

PARIS (F), 1768—1774;
für den Königshof bestimmte
Gegenstände aus
Edelmetallen

1483 

PARIS (F), 1684—1687;
décharge; für glattes
Geschirr aus Gold 916/1000
oder Silber 958/1000

1484 

PARIS (F), 1684—1687;
décharge; für verziertes
Geschirr aus Gold 916/1000
oder Silber 958/1000

1485 

BREST (F), 1703—1713;
décharge; alle Gegenstände
aus Edelmetallen

1486 

PARIS (F), 1698—1703;
décharge; Gegenstände aus
Gold 916/1000; Gegenstände
aus Silber 958/1000

1487 

PARIS (F), 1691—1698;
décharge; Gegenstände aus
Gold 916/1000; Gegenstände
aus Silber 958/1000

1488 

BORDEAUX (F),
1687—1691;
décharge; Gegenstände aus
Gold 916/1000; Gegenstände
aus Silber 958/1000

1489 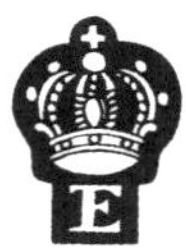

FRANKREICH, 1809—1819;
importierte große
Gegenstände

1490		LONDON (GB), ab 1844; Gegenstände aus 22karätigem Gold (916.6/1000)
1491		CHESTER (GB), ab 1844; Gegenstände aus 22karätigem Gold (916.6/1000)
1492		SHEFFIELD (GB), ab 1904; Gegenstände aus 22karätigem Gold (916.6/1000)
1493		BIRMINGHAM (GB), ab 1844; Gegenstände aus 22karätigem Gold (916.6/1000)
1494	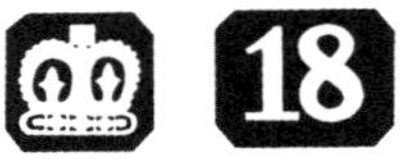	LONDON (GB), ab 1798; Gegenstände aus 18karätigem Gold (750/1000)
1495		CHESTER (GB), ab 1798; Gegenstände aus 18karätigem Gold (750/1000)
1496	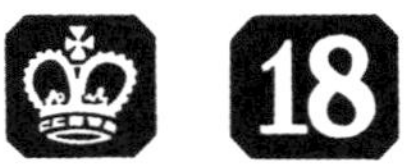	SHEFFIELD (GB), ab 1904; Gegenstände aus 18karätigem Gold (750/1000)
1497	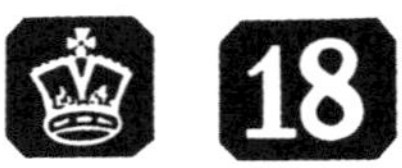	BIRMINGHAM (GB), ab 1824; Gegenstände aus 18karätigem Gold (750/1000)
1498		FINNLAND, ab 1810; staatlicher Kontrollstempel für Gegenstände aus Gold und Silber
1499		FINNLAND, ab 1810; staatlicher Kontrollstempel für importierte Gegenstände aus Gold und Silber

1500

SCHWEDEN;
staatlicher Kontrollstempel
ab 1752 für Gold und Silber;
ab 1912 wurde für Silber
der Buchstabe „S“
hinzugefügt

1501

SCHWEDEN;
Einfuhrstempel für Gold
und Silber; ab 1912 wurde
für Silber der Buchstabe
„S“ hinzugefügt

1502

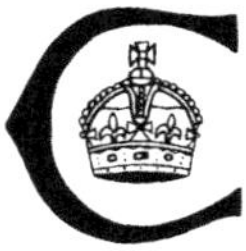

KANADA, ab 1934;
Gegenstände aus Gold 375,
500, 583.3 und 750/1000

1503

DEUTSCHLAND, ab
1. 1. 1888;
Gegenstände aus Gold ab
585/1000;
zahlreiche Varianten

1504

FRANKREICH, 1717—1722;
charge; alle Gegenstände aus
Edelmetallen

1505

MODENA (I), 1818—1872;
Gegenstände aus Gold
916/1000

1506

PARIS (F), 1698—1703;
décharge; Gegenstände aus
Gold 916/1000

1507

PARIS (F), 1768—1789;
für den Königshof bestimmte
Gegenstände aus Gold und
Silber

1508

PARIS (F), 1680—1684;
décharge; Gegenstände aus
Gold 916/1000; große
Gegenstände aus Silber
958/1000

1509

BELGIEN, ab 1942;
Gegenstände aus Platin
950/1000

1510

FRANKREICH, 1680—1684;
charge; alle Gegenstände aus
Edelmetallen

1511

PARIS (F), 1687—1691;
charge; Gegenstände aus
Gold 916/1000; Gegenstände
aus Silber 958/1000

1512

PARIS (F), 1703—1713;
décharge; große
Gegenstände aus Gold
916/1000; große
Gegenstände aus Silber
958/1000

1513

PARIS (F), 1713—1717;
décharge; große
Gegenstände aus Gold
916/1000; große
Gegenstände aus Silber
958/1000

1514

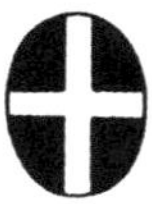

ZWOLLE (NL), 1807—1812;
Stempel der
Prüfungsbehörde

1515

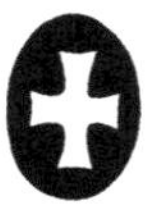

ZUTPHEN (NL),
1807—1812;
Stempel der
Prüfungsbehörde

1516

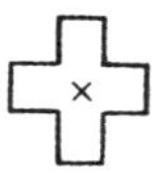

SCHWEIZ, 1880—1917;
Gegenstände mit
niedrigem Feingehalt
375—583/1000;
x = Bedeutung des
Buchstaben siehe Nr. 611

1517

BOULOGNE (F),
1768—1774;
décharge; Gegenstände aus
Gold 916/1000; Gegenstände
aus Silber 958/1000

1518 

LAVAL (F), 1728;
décharge; alle Gegenstände aus Edelmetallen

1519 

AIX (F), 1714;
décharge; alle Gegenstände aus Edelmetallen

1520 

ZIERIKZEE (NL), 1807—1812;
Stempel der Prüfungsbehörde

1521 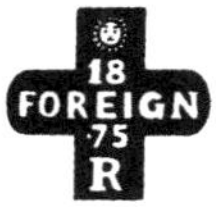

LONDON (GB), 1883—1904;
importierte Gegenstände aus 18karätigem Gold (750/1000)

1522 

EDINBURGH (GB), ab 1904;
importierte Gegenstände aus Gold

1523 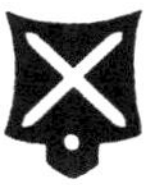

COIMBRA (P), 18. Jh.;
Gegenstände aus Gold

1524 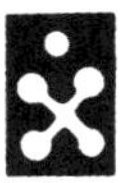

COIMBRA (P), 18. Jh.;
Gegenstände aus Gold

1525 

FRANKREICH – Division Est, 16. 8.—16. 11. 1819;
sog. recense für kleine Gegenstände aus Gold und Silber

1526 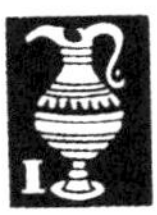

JUGOSLAWIEN, 1922—1933;
importierte Gegenstände aus Gold 583/1000

1527

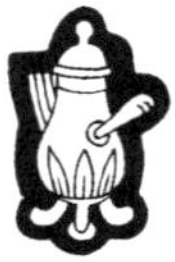

FRANKREICH – Division Nord, 16. 8.—16. 11. 1819; sog. recense für kleine Gegenstände aus Gold und und Silber

1528

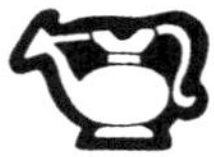

ROUEN (F), 1768—1774; contremarque; alle Gegenstände aus Edelmetallen

1529

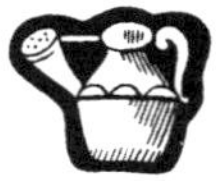

FRANKREICH – Division Sud-Ouest, 16. 8.—16. 11. 1819; sog. recense für kleine Gegenstände aus Gold und Silber

1530

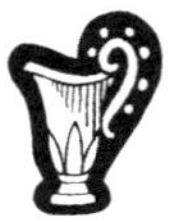

FRANKREICH – Division Ouest, 16. 8.—16. 11. 1819; sog. recense für kleine Gegenstände aus Gold und Silber

1531

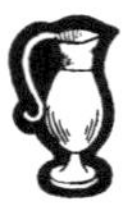

SAINT-QUENTIN (F), 1768—1774; décharge; Gegenstände aus Gold 916/1000; Gegenstände aus Silber 958/1000

1532

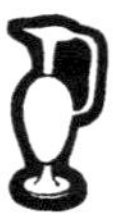

GUISE (F), 1768—1774; importierte Gegenstände aus Edelmetallen

1533

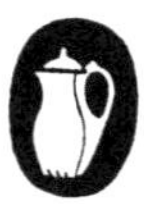

JEVER (D), 1807—1812; Stempel der Prüfungsbehörde

1534

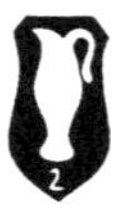

JUGOSLAWIEN, ab 1933; importierte Gegenstände aus Platin 950/1000

1535

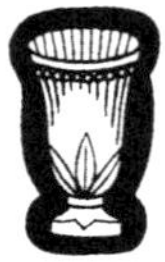

FRANKREICH – Division Sud-Est, 16. 8.—16. 11. 1819; sog. recense für kleine Gegenstände aus Gold und Silber

1536	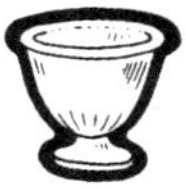	ROYE (F), 1768—1774; décharge; Gegenstände aus Gold 916/1000; Gegenstände aus Silber 958/1000
1537	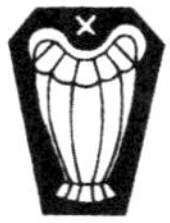	MAROKKO, ab 1925; antike Gegenstände aus Edelmetallen; x = Buchstabe: F – Fes; M – Marrakesch
1538		FRANKREICH, 1780—1789; für die Kennzeichnung der Zugabe neuer Teile zu alten Gegenständen aus Gold und Silber
1539		DIJON (F), 1762—1768; décharge; Gegenstände aus Gold 916/1000; Gegenstände aus Silber 951/1000
1540	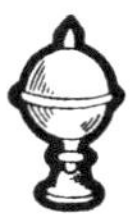	CALAIS (F), 1768—1774; importierte Gegenstände aus Edelmetallen
1541	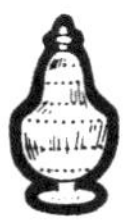	PÉRONNE (F), 1768–1774; décharge; Gegenstände aus Gold 916/1000; Gegenstände aus Silber 958/1000
1542	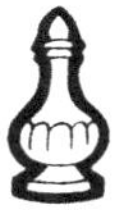	MONTREUIL (F), 1768—1774; contremarque; Gegenstände aus Gold 916/1000; Gegenstände aus Silber 958/1000
1543	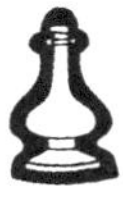	CHÂTEAU-THIERRY (F), 1768—1774; décharge; Gegenstände aus Gold 916/1000; Gegenstände aus Silber 958/1000

1544

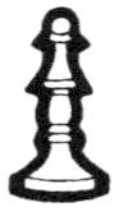

BEAUMONT-SUR-OISE (F), 1768—1774; contremarque; Gegenstände aus Gold 916/1000; aus Silber 958/1000

1545

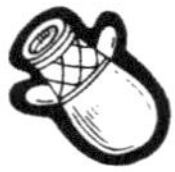

MARLES (F) und VERVINS (F), 1768—1774; décharge; Gegenstände aus Gold 916/1000; aus Silber 958/1000

1546

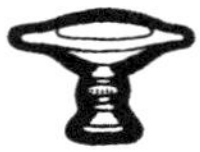

ROUEN (F), 1768—1774; décharge; Gegenstände aus Gold 916/1000; mittelgroße Gegenstände aus Silber 958/1000

1547

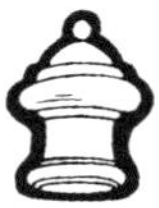

FRANKREICH, 1774—1780; alten Gegenständen beigefügte neue Teile

1548

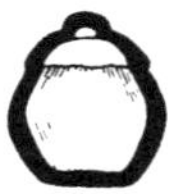

CHÂLONS (F), 1768—1774; importierte Gegenstände aus Edelmetallen

1549

LAON (F), 1768—1774; contremarque; Gegenstände aus Gold 916/1000; Gegenstände aus Silber 958/1000

1550

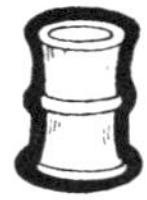

MONTREUIL(F), 1768—1774; décharge; Gegenstände aus Gold 916/1000; Gegenstände aus Silber 958/1000

1551

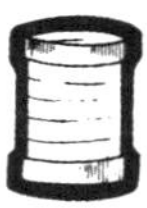

VERSAILLES (F), 1768—1774; contremarque; Gegenstände aus Gold 916/1000; Gegenstände aus Silber 958/1000

1552 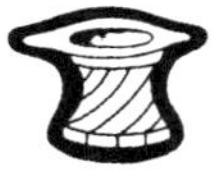

MONTDIDIER (F), 1768—1774; décharge; Gegenstände aus Gold **916/1000**; Gegenstände aus Silber 958/1000

1553 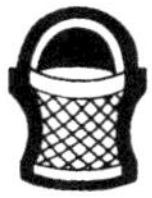

LYON (F), **1768—1774**; décharge; Kettchen aus Gold **916** und **843**/1000

1554 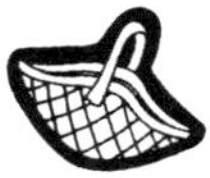

DREUX (F), **1768—1774**; contremarque; Gegenstände aus Gold **916/1000**; Gegenstände aus Silber **958/1000**

1555 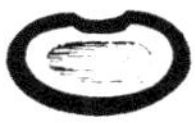

AMIENS (F), **1768—1774**; contremarque; Gegenstände aus Gold 916/1000; Gegenstände aus Silber 958/1000

1556 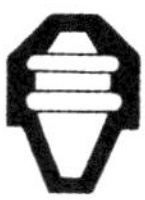

CAEN (F), 1744—1750; déchargé; Gegenstände aus Gold 916/1000; kleine Gegenstände aus Silber 843/1000

1557 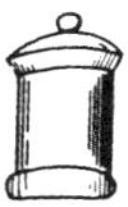

CAEN (F), 1774—1780; décharge; Gegenstände aus Gold 916/1000; kleine Gegenstände aus Silber 843/1000

1558 

POLEN, ab 1931; Platin 950/1000 für zahnärztlichen Gebrauch

1559 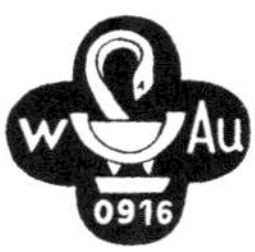

POLEN, ab 1931; Gold 916/1000 für zahnärtzlichen Gebrauch

1560 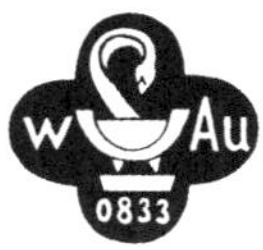

POLEN, ab 1931; Gold 883/1000 für zahnärztlichen Gebrauch

1561	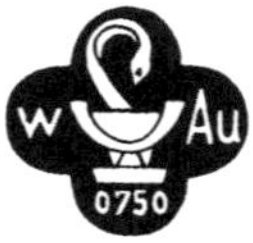	POLEN, ab 1931; Gold 750/1000 für zahnärztlichen Gebrauch
1562	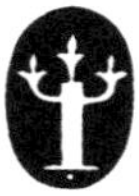	BOLSWARD (NL), 1807—1812; Stempel der Prüfungsbehörde
1563	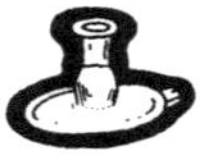	LA FÈRE (F), 1768—1774; décharge; Gegenstände aus Gold 916/10000; Gegenstände aus Silber 958/1000
1564	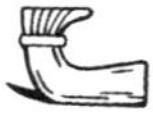	FRANKREICH, 1842—1845; in der Pariser Münzstätte geprägte und für das Inland bestimmte Medaillen aus Edelmetallen
1565		FRANKREICH, 1832—1841; in der Pariser Münzstätte geprägte und für das Inland bestimmte Medaillen aus Edelmetallen
1566		IRLAND, ab 1784; Gegenstände aus 22karätigem Gold (916.6/1000)
1567	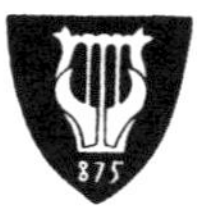	ISRAEL, derzeit geltender Stempel für Gegenstände aus Gold 875/1000
1568	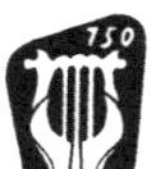	ISRAEL, derzeit geltender Stempel für Gegenstände aus Gold 750/1000
1569	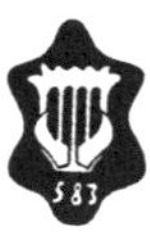	ISRAEL, derzeit geltender Stempel für Gegenstände aus Gold 583/1000

1570 

ISRAEL,
derzeit geltender Stempel
für Gegenstände aus Gold
375/1000

1571 

TSCHECHOSLOWAKEI,
30. 1. 1942—25. 1. 1949;
importierte Waren aus Gold;
nur für das Gebiet von
Böhmen und Mähren gültig

1572 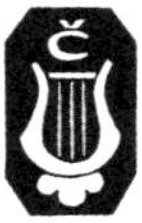

TSCHECHOSLOWAKEI
ab 1921; importierte Gegenstände aus Gold (gültig mit
Ausnahme für den
Zeitraum 1942—1949)

1573 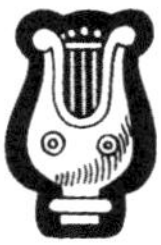

FRANKREICH – Division
Sud-Ouest, 1819—1838;
sog. Garantie für kleine
Gegenstände aus Gold

1574 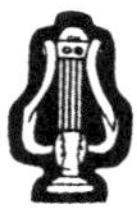

FRANKREICH, 1780—1791;
ältere Gegenstände aus
Edelmetallen

1575 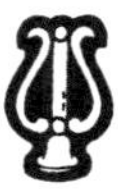

MARLES (F) und
VERVINS (F), 1768—1774;
contremarque;
Gegenstände aus Gold
916/1000; Gegenstände aus
Silber 958/1000

1576 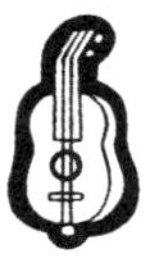

FRANKREICH – Division
Nord-Ouest,
16. 8.—16. 11. 1819;
sog. recense für kleine
Gegenstände aus Gold und
Silber

1577 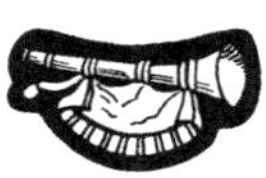

FRANKREICH – Division
Nord-Ouest, 1819—1838;
sog. Garantie für kleine
Gegenstände aus Gold

1578 

HOORN (NL), 1807—1812; Stempel der Prüfungsbehörde

1579 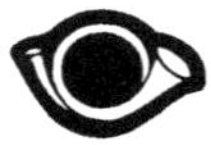

PROVINS (F), 1768—1774; contremarque; Gegenstände aus Gold 916/1000; Gegenstände aus Silber 958/1000

1580 

PARIS (F), 1768—1774; contremarque; alle Gegenstände aus Edelmetallen

1581 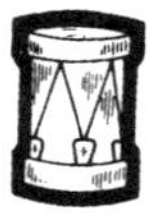

ROYE (F), 1768—1774; contremarque; Gegenstände aus Gold 916/1000; Gegenstände aus Silber 958/1000

1582 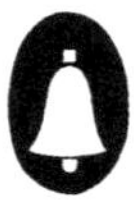

AURICH (D), 1807—1812; Stempel der Prüfungsbehörde

1583 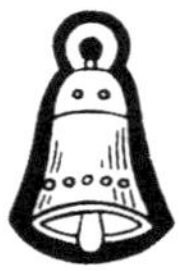

FRANKREICH – Division Sud, 16. 8.—16. 11. 1819; sog. recense für kleine Gegenstände aus Gold und Silber

1584 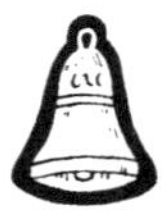

MEAUX (F), 1768—1774; contremarque; Gegenstände aus Gold 916/1000; Gegenstände aus Silber 958/1000

1585 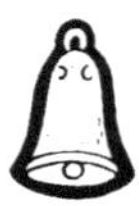

VERSAILLES (F), 1768—1774; décharge; Gegenstände aus Gold 916/1000; mittelgroße Gegenstände aus Silber 958/1000

1586 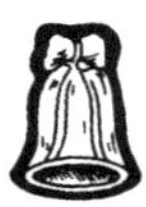

REIMS (F), 1768—1774; contremarque; Gegenstände aus Gold 916/1000; Gegenstände aus Silber 958/1000

1587	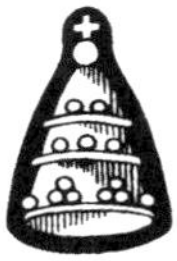	FRANKREICH – Division Est, 1819—1838; sog. Garantie für kleine Gegenstände aus Gold
1588		LIMOGES (F), 1774—1780; décharge; Gegenstände aus Gold 916/1000; kleine Gegenstände aus Silber 843/1000
1589		GLASGOW (GB), 1904—1906; importierte Gegenstände aus Gold
1590	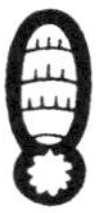	ROM (I), 1790; Gegenstände aus Gold 791.6/1000; Medaillen aus Gold 916.6/1000
1591	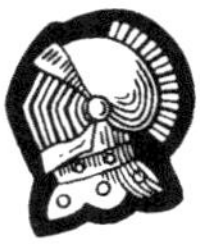	FRANKREICH – Division Ouest, 1819—1838; sog. Garantie für kleine Gegenstände aus Gold
1592	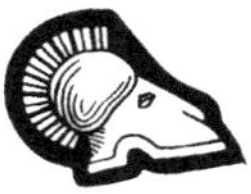	FRANKREICH – Division Sud, 1819—1838; sog. Garantie für kleine Gegenstände aus Gold
1593	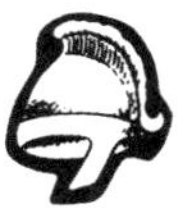	GRENOBLE (F) – généralité, 1774—1780; décharge; Gegenstände aus Gold 916/1000; kleine Gegenstände aus Silber 958/1000
1594	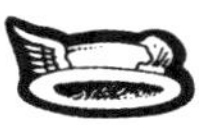	FRANKREICH, 1779—1791; in Pfandleihanstalten verkaufte Gegenstände aus Gold und Silber
1595	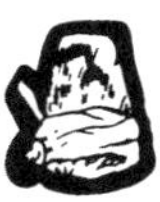	RIOM (F) – généralité, 1774—1780; décharge; Gegenstände aus Gold 916/1000; kleine Gegenstände aus Silber 958/1000

1596	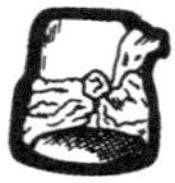	BOURGES (F), 1780—1791; décharge; Gegenstände aus Gold 916/1000; kleine Gegenstände aus Silber
1597	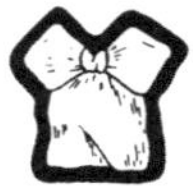	BEAUVAIS (F), 1768—1774; contremarque; Gegenstände aus Gold 916/1000; Gegenstände aus Silber 958/1000
1598		LYON (F), 1768—1774; décharge; importierte Gegenstände aus Gold und mittelgroße Gegenstände aus Silber
1599		LIMOGES (F) – généralité, 1774—1780; décharge; Gegenstände aus Gold 916/1000; kleine Gegenstände aus Silber 958/1000
1600	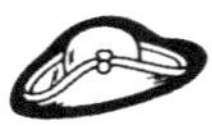	MELUN (F), 1768—1774; contremarque; Gegenstände aus Gold 916/1000; Gegenstände aus Silber 958/1000
1601	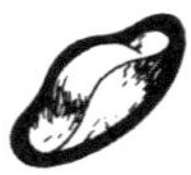	DIJON (F), – généralité, 1774—1780; décharge; Gegenstände aus Gold 916/1000; kleine Gegenstände aus Silber 958/1000
1602		IRLAND, ab 1784; Gegenstände aus 20karätigem Gold (833.3/1000)
1603	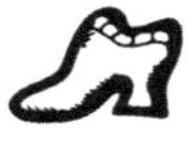	ABBEVILLE (F), 1768—1774; décharge; Gegenstände aus Gold 916/1000; Gegenstände aus Silber 958/1000

1604

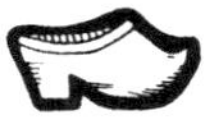

MONTDIDIER (F), 1768—1774; Gegenstände aus Gold 916/1000; Gegenstände aus Silber 958/1000

1605

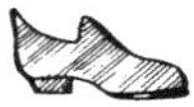

FRANKREICH, 1774—1782; contremarque; nach der Prüfung angebracht; garantiert bei Gegenständen aus Gold 843 und 916/1000, bei Silber 958/1000

1606

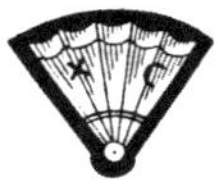

FRANKREICH – Division Sud-Est, 1819—1838; sog. Garantie für kleine Gegenstände aus Gold

1607

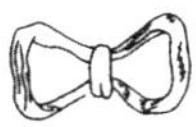

RENNES (F), 1774—1780; décharge; Gegenstände aus Gold 916/1000; kleine Gegenstände aus Silber 843/1000

1608

RENNES (F) – généralité, 1774—1780 décharge; Gegenstände aus Gold 916/1000; kleine Gegenstände aus Silber 958/1000

1609

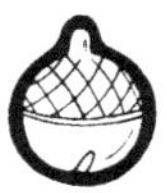

AMIENS (F), 1768—1774; décharge; Gegenstände aus Gold 916/1000; Gegenstände aus Silber 958/1000

1610

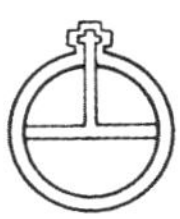

CHÂTEAU-THIERRY (F), 1768—1774; contremarque; Gegenstände aus Gold 916/1000; Gegenstände aus Silber 958/1000

1611

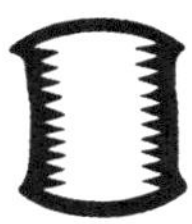

MONTEREAU (F), 1768—1774; décharge; Gegenstände aus Gold 916/1000; Gegenstände aus Silber 958/1000

1612

BRAY-SUR-SEINE (F), 1768—1774; contremarque; Gegenstände aus Gold 916/1000; Gegenstände aus Silber 958/1000

1613

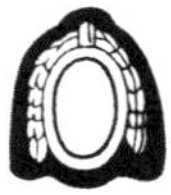

MONTEREAU (F), 1768—1774; contremarque; Gegenstände aus Gold 916/1000; Gegenstände aus Silber 958/1000

1614

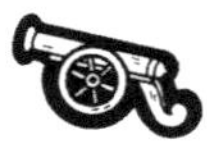

VERSAILLES (F), 1768—1774; importierte Gegenstände aus Edelmetallen

1615

MARSEILLE (F), 1742; charge; Gegenstände aus Edelmetallen

1616

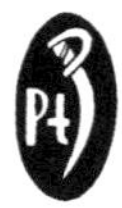

UNGARN, ab 1965; Gegenstände aus Platin 950/1000

1617

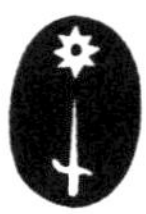

HAARLEM (NL), 1807—1812; Stempel der Prüfungsbehörde

1618

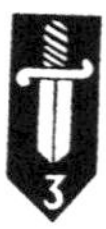

JUGOSLAWIEN, ab 1933; importierte Gegenstände: Platin 950/1000; Gold 583/1000

1619

JUGOSLAWIEN, 1922—1933; importierte Gegenstände aus Gold 750/1000

1620

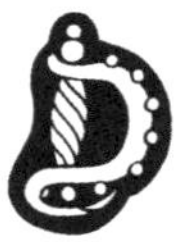

FRANKREICH – Division Nord-Est, 1819—1838; sog. Garantie für kleine Gegenstände aus Gold

1621	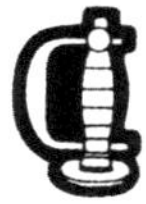	SAINT-GERMAIN (F), 1768—1774; décharge; Gegenstände aus Gold 916/1000; Gegenstände aus Silber 958/1000
1622		POLEN, 1920; recense-Stempel für in den Jahren 1914—1918 angefertigte Gegenstände aus Gold 550 und 583/1000
1623	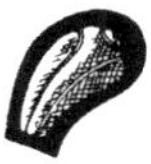	CHÂLONS-SUR-MARNE (F) – généralité, 1774—1780; décharge; Gegenstände aus Gold 916/1000; kleine Gegenstände aus Silber 958/1000
1624	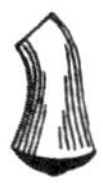	CHÂLONS-SUR-MARNE (F), 1744—1780; décharge; Gegenstände aus Gold 916/1000; Gegenstände aus Silber 843/1000
1625	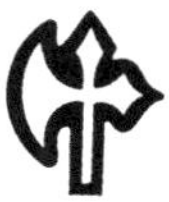	SENLIS (F), 1768—1774; contremarque; Gegenstände aus Gold 916/1000; Gegenstände aus Silber 958/1000
1626	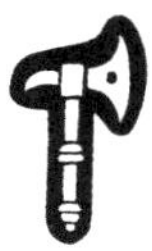	FRANKREICH, 1798—1809; ältere, neu verkaufte Gegenstände
1627		CLERMONT (F), 1768—1774; contremarque; Gegenstände aus Gold 916/1000; Gegenstände aus Silber 958/1000
1628	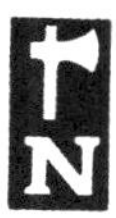	PARIS (F), 1. 1.—19. 6. 1798; ältere Gegenstände aus Gold und Silber

1629		UNGARN, 1937—1965; importierte Gegenstände aus Platin 950/1000
1630		GRAVE (NL), 1807—1812; Stempel der Prüfungsbehörde
1631		ALKMAAR (NL), 1807—1812; Stempel der Prüfungsbehörde
1632		SHEFFIELD (GB), 1904—1906; importierte Gegenstände aus Gold
1633		UNGARN, ab 1937; Identitätsstempel für Edelmetalle
1634		STEENWYK (NL), 1807—1812; Stempel der Prüfungsbehörde
1635		TSCHECHOSLOWAKEI, ab 1921; exportierte Gegenstände aus Edelmetallen
1636		FRANKREICH, Oktober 1841—September 1842; in der Pariser Münzstätte für das Inland geprägte Medaillen aus Edelmetallen
1637		CHARITÉ, La (F), 1768—1774; contremarque; Gegenstände aus Gold 916/1000; Gegenstände aus Silber 958/1000

1638 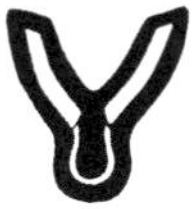

GUISE (F), 1768—1774;
contremarque;
Gegenstände aus Gold
916/1000; Gegenstände
aus Silber 958/1000

1639 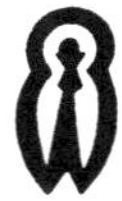

CAEN (F), 1744—1750;
charge; Gegenstände aus
Gold 916/1000

1640 

RUMÄNIEN, ab 1955;
Gegenstände aus Platin
950/1000

1641 

OBERVOLTA, ab 1960;
staatlicher Kontrollstempel

1642 

SENEGAL, ab 1939;
recense-Stempel;
x = D (Dakar)

1643 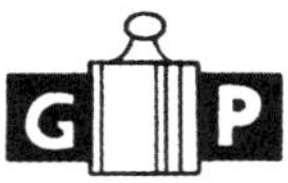

NORWEGEN, ab 1892;
Gegenstände aus Doublé

1644 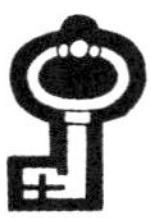

NIEDERLANDE, ab 1852;
exportierte Gegenstände
aus Edelmetallen

1645 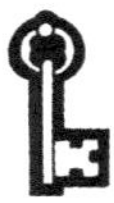

COULOMNIERS (F),
1768—1774;
décharge; Gegenstände aus
Gold 916/1000;
Gegenstände aus Silber
958/1000

1646 

LEYDEN (NL), 1807—1812;
Stempel der
Prüfungsbehörde

1647  ROM (I), 1815—1870; Gegenstände aus Gold 750/1000

1648  ROM (I), 1795; Gegenstände aus Gold 791.6/1000; Medaillen aus Gold 916.6/1000

1649  ROM (I), 1642; Gegenstände aus Edelmetallen

1650  ROM (I), 1681; Gegenstände aus Edelmetallen

1651  ROM (I), 1785; Gegenstände aus Gold 791.6/1000

1652  ROM (I), 1610; Gegenstände aus Edelmetallen

1653 

ROM (I), 1723; Gegenstände aus Edelmetallen

1654  ROM (I), 1810; Gegenstände aus Edelmetallen

1655  FONTAINEBLEAU (F), 1768—1774; décharge; Gegenstände aus Gold 916/1000; Gegenstände aus Silber 958/1000

1656  CALAIS (F), 1768—1774; décharge; Gegenstände aus Gold 916/1000; Gegenstände aus Silber 958/1000

1657 

ORLÉANS (F), 1768—1774; contremarque; Gegenstände aus Gold 916/1000; Gegenstände aus Silber 958/1000

1658 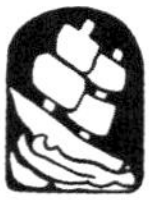

TSCHECHOSLOWAKEI, 1. 1. 1944—25. 1. 1949; importierte Gegenstände aus Gold; nur für das Gebiet der Slowakei gültig

1659 

FRANKREICH – Division Nord, 1819—1838; sog. Garantie für kleine Gegenstände aus Gold

1660 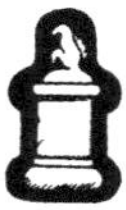

CAEN (F) – généralité, und ALENÇON (F) – généralité, 1774—1780; Gegenstände aus Gold 916/1000; kleine Gegenstände aus Silber 958/1000

1661 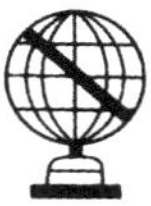

LISSABON (P), 1. Hälfte d. 18. Jh.; Gegenstände aus Gold 916/1000

1662 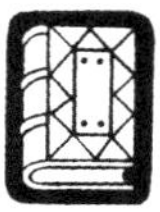

FRANKREICH – Division Centre, 16. 8.—16. 11. 1819; sog. recense für kleine Gegenstände aus Gold und Silber

1663 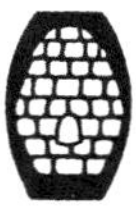

TSCHECHOSLOWAKEI, 1. 1. 1944—25. 1. 1949; Vorratsstempel für Gegenstände aus Edelmetallen; nur für das Gebiet der Slowakei gültig

1664 

FRANKREICH, ab 1880; in der Pariser Münzstätte geprägte, für das Inland bestimmte Medaillen aus Edelmetallen

1665 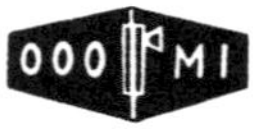

ITALIEN, ab 1935; Feingehaltsstempel für Edelmetalle

1666 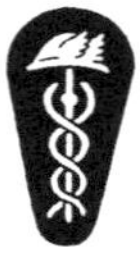
ÖSTERREICH, Mai 1922—August 1925; exportierte Gegenstände aus Edelmetallen

1667 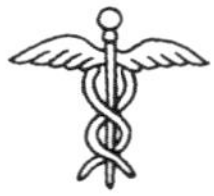
PARIS (F), 1722—1726; décharge; Gegenstände aus Gold 916/1000; Gegenstände aus Silber 958/1000

1668 
JAPAN, ab 1929; staatlicher Kontrollstempel für Edelmetalle

1669 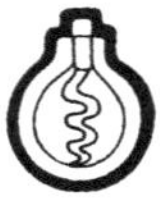
GUISE (F), 1768—1774; décharge; Gegenstände aus Gold 916/1000; Gegenstände aus Silber 958/1000

1670 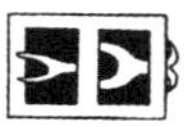
CRÉPY (F), 1768—1774; contremarque; Gegenstände aus Gold 916/1000; Gegenstände aus Silber 958/1000

Zeichen und Symbole

1671 
UTRECHT (NL), 1807—1812; Stempel der Prüfungsbehörde

1672 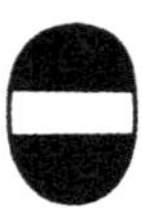
1673 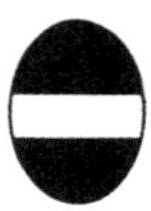
GRONINGEN (NL), 1807—1812; Stempel der Prüfungsbehörde

1674 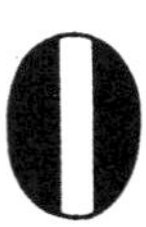
DELFT (NL), 1807—1812; Stempel der Prüfungsbehörde

1675	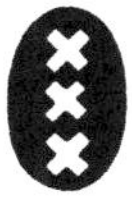	AMSTERDAM (NL), 1807—1812; Stempel der Prüfungsbehörde
1676	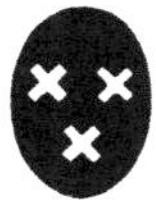	HARLINGEN (NL), 1807—1812; Stempel der Prüfungsbehörde
1677		SHEFFIELD (GB), ab 1906; importierte Gegenstände aus Gold
1678	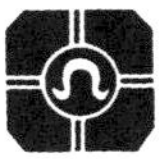	LONDON (GB), ab 1906; importierte Gegenstände aus Gold
1679		BIRMINGHAM (GB), ab 1904; importierte Gegenstände aus Gold
1680	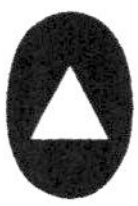	KAMPEN (NL), 1807—1812; Stempel der Prüfungsbehörde
1681	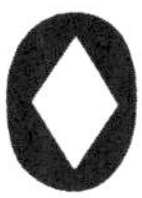	SCHOONHOVEN (NL), 1807—1812; Stempel der Prüfungsbehörde
1682		EMDEN (D), 1807—1812; Stempel der Prüfungsbehörde
1683	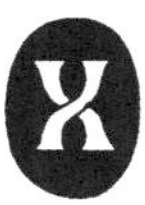	ENKHUIZEN (NL), 1807—1812; Stempel der Prüfungsbehörde
1684	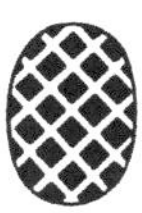	BREDA (NL), 1807—1812; Stempel der Prüfungsbehörde

1685 

HANAU (D), 18.—19. Jh.;
Gegenstände aus Gold

1686
1687  

NEUCHÂTEL (CH),
1820—1866;
Gegenstände aus Gold
750/1000

1688 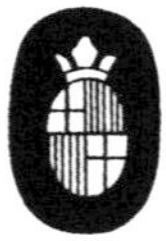

SPANIEN, 1881—1934;
Gegenstände aus Gold
750/1000

1689 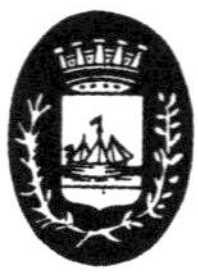

LISSABON (P),
1886—1938;
Gold- und Silberbarren

1690 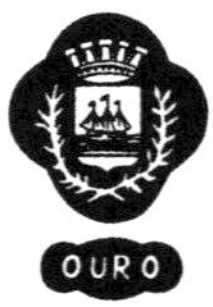

LISSABON (P), ab 1938;
Goldbarren

1691 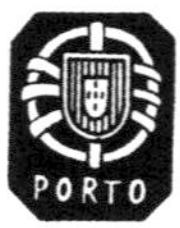

PORTO (P), 1911—1938;
Gold- und Silberbarren

1692 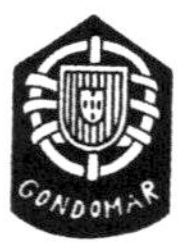

GONDOMAR (P),
1913—1938;
Gold- und Silberbarren

1693 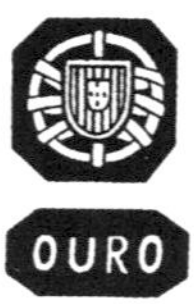

PORTO (P), ab 1938;
Goldbarren

1694

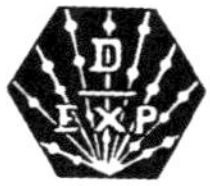

SENEGAL, 1939—1960; exportierte Gegenstände aus Gold; D = Dakar

1695

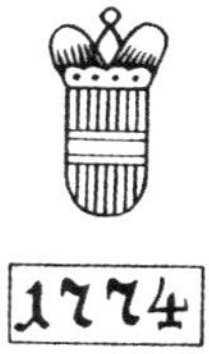

ÖSTERREICHISCH-UNGARISCHE MONARCHIE, 1774—1806 Gegenstände aus Gold; veränderliche Jahreszahl; in Wien bis 1790 verwendet, in einigen Gebieten der Monarchie bis 1806

1696
1697
1698

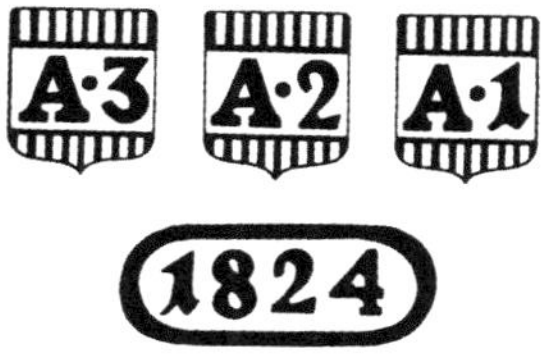

ÖSTERREICHISCH-UNGARISCHE MONARCHIE, 1824—1866; Gegenstände aus Gold 767.3, 545 und 326/1000; immer mit Jahreszahl; Bedeutung des Buchstaben im Stempel;

A – Wien (A)
B – Prag (CS)
C – Salzburg (A)
D – Lwow (SU)
E – Hall (A)
F – Brünn (Brno) (CS)
G – Linz (A)
H – Graz (A)
I – Klagenfurt (A)
K – Laibach (Ljubljana) (YU)
L – Trieste (I)

1699

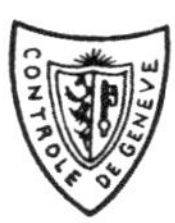

GENF (CH), 1815—1881; Edelmetalle in Barren

1700

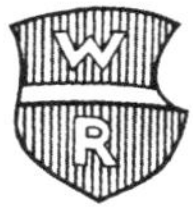

ÖSTERREICH, ab 1922; importierte Gegenstände, die bereits früher in Österreich punziert wurden

1701

NEUCHÂTEL, 1822—1866; Gegenstände aus Gold 750/1000

1702	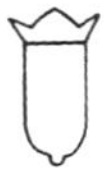	FRANKREICH, 1726—1732; décharge; Gegenstände aus Edelmetallen
1703		BAILE ÁTHA CLIATH (Dublin) (EIR), ab 1906; importierte Gegenstände aus Gold
1704		LYON (F), 1768—1774; charge; Gegenstände aus Gold 916/1000; große Gegenstände aus Silber 958/1000
1705	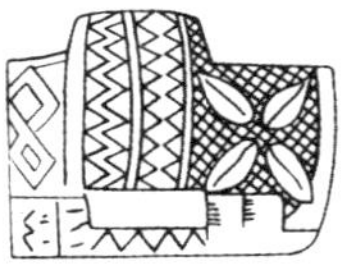	KONGO, ab 1967; Gegenstände aus Gold 750/1000
1706	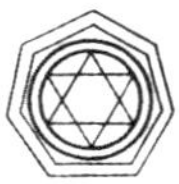	ROUEN (F), 1768—1774; décharge; große Gegenstände aus Gold und Silber
1707		MÂCON (F), 1838—1870; Stempel der Prüfungsbehörde
1708	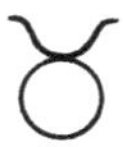	PUY (F), 1838—1889; BRIOUDE (F), ab 1972; Stempel der Prüfungsbehörde
1709	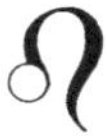	DUNKERQUE (F), ab 1838; Stempel der Prüfungsbehörde
1710	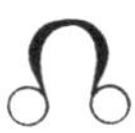	BAR-LE-DUC (F), 1838—1862; Stempel der Prüfungsbehörde
1711	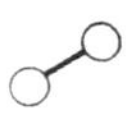	SAINT-ÉTIENNE (F), 1838—1870; Stempel der Prüfungsbehörde

1712	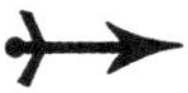	TOULOUSE (F), ab 1838; Stempel der Prüfungsbehörde
1713		CAHORS (F), 1838—1873; Stempel der Prüfungsbehörde
1714		NANCY (F), 1838—1924; Stempel der Prüfungsbehörde
1715	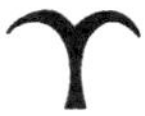	MELUN (F), 1838—1873; Stempel der Prüfungsbehörde
1716	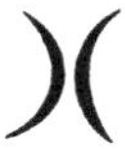	STRASBOURG (F), 1838—1871; ab 1919 wieder eingeführt; Stempel der Prüfungsbehörde
1717	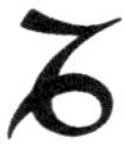	CHÂTELLERAULT (F), ab 1838; Stempel der Prüfungsbehörde
1718		TROYES (F), 1838—1870; Stempel der Prüfungsbehörde
1719	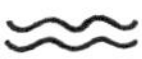	BLOIS (F), 1838—1887; Stempel der Prüfungsbehörde
1720	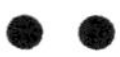	BOURGES (F), 1838—1914; SAINT-AMAND (F), ab 1967; Stempel der Prüfungsbehörde
1721	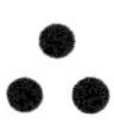	ANNECY (F), 1861—1887; Stempel der Prüfungsbehörde

	Buchstaben fremder Alphabete	
1722	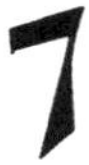	CLERMONT-FERRAND (F), ab 1838; Stempel der Prüfungsbehörde
1723	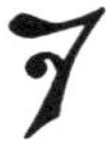	LIMOGES (F), 1838—1889; Stempel der Prüfungsbehörde
1724		LILLE (F), ab 1838; Stempel der Prüfungsbehörde
1725	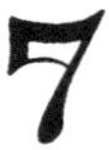	METZ (F), 1838—1871; Stempel der Prüfungsbehörde
1726	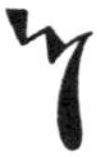	GRASSE (F), 1838—1862; Stempel der Prüfungsbehörde
1727		BESANÇON (F), ab 1838; Stempel der Prüfungsbehörde
1728		CHAUMONT (F), 1838—1887; Stempel der Prüfungsbehörde
1729		REIMS (F), 1838—1870; Stempel der Prüfungsbehörde
1730	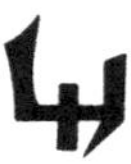	GRENOBLE (F), 1838—1920; Stempel der Prüfungsbehörde
1731		CAEN (F), 1838—1915; Stempel der Prüfungsbehörde

1732 

LE HAVRE (F), 1838;
Stempel der
Prüfungsbehörde

1733 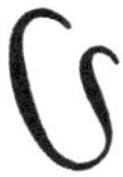

BAYONNE (F), 1838—1873;
Stempel der
Prüfungsbehörde

1734 

MARSEILLE (F),
1838—1868;
Stempel der
Prüfungsbehörde

1735 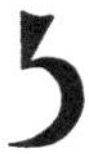

POITIERS (F), 1838—1887;
Stempel der
Prüfungsbehörde

1736 

LAON (F), 1838–1887;
Stempel der
Prüfungsbehörde

1737 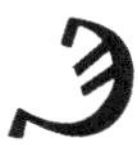

DIJON (F), 1838—1914;
BEAUNE (F), ab 1958;
Stempel der
Prüfungsbehörde

1738 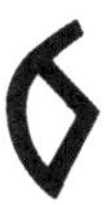

DIGNE (F), 1838—1871;
Stempel der
Prüfungsbehörde

1739 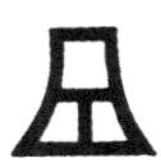

LE MANS (F), 1838—1872;
Stempel der
Prüfungsbehörde

1740 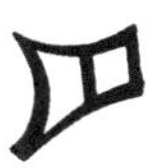

AVIGNON (F), ab 1838;
Stempel der
Prüfungsbehörde

1741 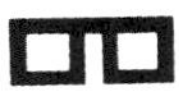

COLMAR (F), 1838—1871;
Stempel der
Prüfungsbehörde

1742	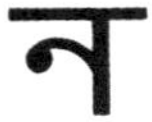	SAUMUR (F), ab 1862; Stempel der Prüfungsbehörde
1743		LAVAL (F), 1838—1887; Stempel der Prüfungsbehörde
1744		NANTES (F), ab 1838; Stempel der Prüfungsbehörde
1745	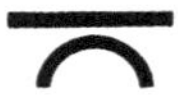	SAUMUR (F), ab 1862; Stempel der Prüfungsbehörde
1746		LYON (F), ab 1838; Stempel der Prüfungsbehörde
1747		ARRAS (F), 1838—1870; Stempel der Prüfungsbehörde
1748	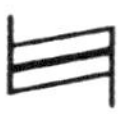	NIORT (F), 1838—1920; Stempel der Prüfungsbehörde
1749	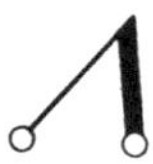	MONTBÉLIARD (F), 9. 5. 1838—1. 3. 1847; wird ab 16. 2. 1883 wieder verwendet; Stempel der Prüfungsbehörde
1750	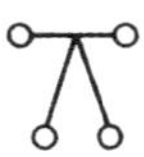	ANGERS (F), 1838—1902; Stempel der Prüfungsbehörde
1751	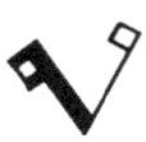	VALOGNES (F), 1838—1847; Stempel der Prüfungsbehörde
1752	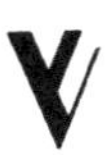	ALBI (F), 1838—1887; Stempel der Prüfungsbehörde

1753 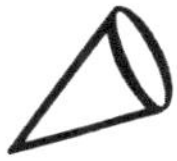 SAINT-LÔ (F), 1838—1870; Stempel der Prüfungsbehörde

1754  MONT-DE-MARSAN (F), 1838—1862; Stempel der Prüfungsbehörde

1755 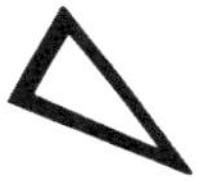 AGEN (F), 1838—1887; Stempel der Prüfungsbehörde

1756 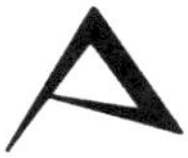 AUXERRE (F), 1838—1887; Stempel der Prüfungsbehörde

1757  TOULON (F), 1838—1889; Stempel der Prüfungsbehörde

1758 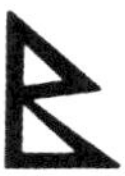 CHÂLONS (F), 1838—1862; Stempel der Prüfungsbehörde

1759 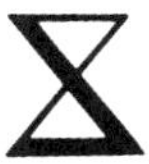 VALENCE (F), ab 1838; Stempel der Prüfungsbehörde

1760  BOULOGNE (F), ab 1838; Stempel der Prüfungsbehörde

1761 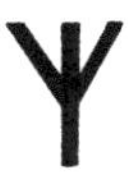 EPINAL (F), 1838—1874; Stempel der Prüfungsbehörde

1762 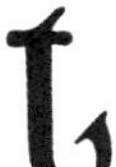 ORLÉANS (F), 1838—1911; Stempel der Prüfungsbehörde

1763  PERPIGNAN (F), ab 1838; Stempel der Prüfungsbehörde

1764 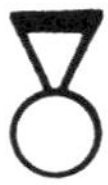 MOULINS (F), 1838—1887; Stempel der Prüfungsbehörde

1765  ORLÉANS (F), 1572—1594; Stempel der Münzstätte

1766  FONTENOY (F), 1838—15. 6. 1883; NAPOLÉON-VENDÉE (F), 15. 6. 1883—12. 11. 1888; Stempel der Prüfungsbehörde

1767 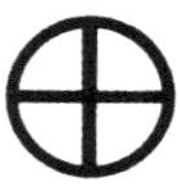 VERDUN (F), 1838—1873; Stempel der Prüfungsbehörde

1768 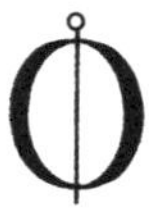 NÎMES (F), ab 1838; Stempel der Prüfungsbehörde

1769 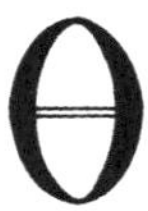 BORDEAUX (F), ab 1838; Stempel der Prüfungsbehörde

1770 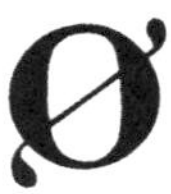 MONTPELLIER (F), ab 1838; Stempel der Prüfungsbehörde

1771  VALENCIENNES (F), ab 1838; Stempel der Prüfungsbehörde

1772	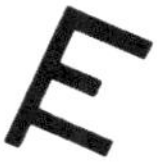	MENDE (F), 1838—1867; Stempel der Prüfungsbehörde
1773	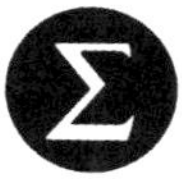	STRÖMSUND (S), ab 1860; Stempel der Prüfungsbehörde
1774	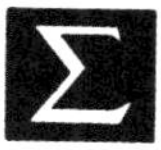	SÄFFLE (S), ab 1860; Stempel der Prüfungsbehörde
1775	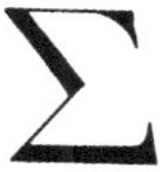	PAU (F), 1838—1. 8. 1910; BAYONNE (F), ab 1. 8. 1910; Stempel der Prüfungsbehörde
1776		TOURS (F), 1838—1914; Stempel der Prüfungsbehörde
1777	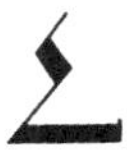	BEAUVAIS (F), 1838—1914; Stempel der Prüfungsbehörde
1778	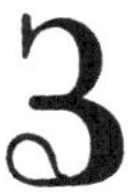	BREST (F), 1838—1889; Stempel der Prüfungsbehörde
1779		VERSAILLES (F), 1838—1889; Stempel der Prüfungsbehörde
1780		VANNES (F), 1838—1887; Stempel der Prüfungsbehörde
1781		SANDVIKEN (S), ab 1860; Stempel der Prüfungsbehörde

1782 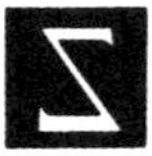
SKURUP (S), ab **1860**;
Stempel der
Prüfungsbehörde

1783 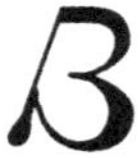
TARBES (F), **1838—1870**;
Stempel der
Prüfungsbehörde

1784 
ALENÇON (F),
1838—1862;
Stempel der
Prüfungsbehörde

1785 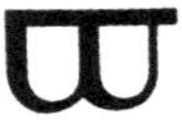
EVREUX (F), **1838—1887**;
Stempel der
Prüfungsbehörde

1786 
ROUEN (F), ab **1838**;
Stempel der
Prüfungsbehörde

1787 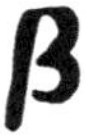
CHABAROWSK (SU),
1946—1954;
SELO KRASNOJE (SU),
1954—1958;
Stempel der
Prüfungsbehörde

1788 
SAMARKAND (SU),
1927—1946;
Stempel der Behörde für
das Punzierungsgebiet
(Usbekische SSR),
TASCHKENT (SU),
1946—1958; Stempel der
Prüfungsbehörde

1789 
ALMA-ATA (SU),
1946—1954;
JEREWAN (SU),
1954—1958;
Stempel der
Prüfungsbehörde

1790 
LENINGRAD (SU),
1908—1958;
Stempel der
Prüfungsbehörde

1791 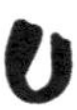
KASAN (SU), **1908—1946**;
KISCHINJOW (SU),
Stempel der Behörde für
das Punzierungsbegiet

1792	ν	KIEW (SU), 1908—1958; Stempel der Behörde für das Punzierungsgebiet
1793	ο	BAKU (SU), 1908—1958; Stempel der Behörde für das Punzierungsgebiet
1794	τ	KOSTROMA (SU), 1908—1946; Stempel der Behörde für das Punzierungsgebiet; RIGA (SU), 1946—1958; Stempel der Prüfungsbehörde
1795	π	SWERDLOWSK (SU), 1908—1958; Stempel der Behörde für das Punzierungsgebiet
1796	ι	CHARKOW (SU), 1927—1958; Stempel der Behörde für das Punzierungsgebiet
1797	Δ	MOSKAU (SU), 1908—1958; Stempel der Behörde für das Punzierungsgebiet
1798	Г	TBILISSI (SU), ab 1958; Stempel der Prüfungsbehörde
1799	Л	LENINGRAD (SU), ab 1958; Stempel der Prüfungsbehörde
1800	Д	LWOW (SU), ab 1958; Stempel der Prüfungsbehörde
1801	Б	BAKU (SU), ab 1958; Stempel der Prüfungsbehörde
1802	Э	TALLINN (SU), ab 1958; Stempel der Prüfungsbehörde

1803 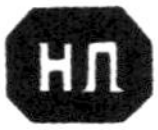

UdSSR, ab 1954;
für alle Edelmetalle, deren Feingehalt den gesetzlichen Bestimmungen nicht entspricht

1804 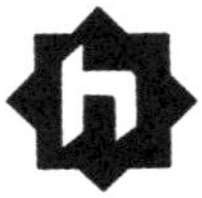

ISRAEL,
derzeit gültiger Stempel;
importierte Gegenstände aus Edelmetallen

1805 

ISRAEL,
derzeit gültiger Stempel;
Steuerstempel für Eheringe

1806
1807
1808 

DJERBA (TN), 1856—1905;
Gegenstände aus Gold 375, 750 und 500/1000

1809 

ALGERIEN, 1832—1859;
Stempel des Prüfers für Gegenstände aus Gold

1810 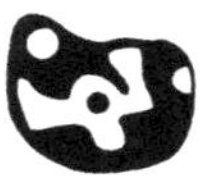

GABES (TN), 1856—1905;
Gegenstände aus Gold 375/1000

1811 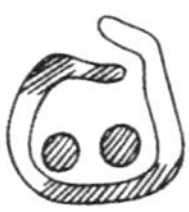

SFAX (TN), 1856—1905;
Gegenstände aus Gold 375/1000

1812 

SÚS (TN), 1856—1900;
Gegenstände aus Gold 375/1000

1813
1814 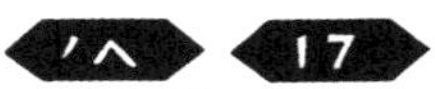

TUNIS (TN), 1856—1905;
Gegenstände aus Gold 750 und 667/1000

1815
1816 

TUNIS (TN), 1856—1905;
Gegenstände aus Gold 500 und 375/1000

1817	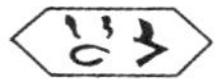	TUNIS (TN), 1856—1905; große Gegenstände aus Gold und Silber; Steuerstempel
1818	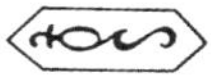	TUNIS (TN), 1856—1905; kleine Gegenstände aus Gold und Silber; Steuerstempel
1819	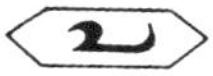	TUNIS (TN), 1856—1905; kleine Gegenstände aus Gold und Silber mit behördlich festgesetztem Feingehalt
1820		TUNESIEN, 1856—1905; kleine Gegenstände aus Gold 375/1000
1821		TUNESIEN, 1856—1905; Garantie „Sahha“
1822	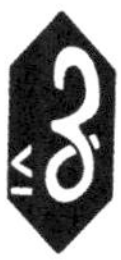	TUNESIEN, 1856—1905; große Gegenstände; sog. Stempel „Khales“
1823	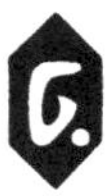	TUNESIEN, 1856—1905; kleine Gegenstände; sog. Stempel „Khales“
1824	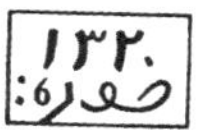	MAROKKO, 1899; Gegenstände aus Gold und Silber, minim. 900/1000
1825 1826	 	KAIRO (ET), ab 1916; Gegenstände aus Gold 958 und 875/1000
1827 1828	 	KAIRO (ET), ab 1916; Gegenstände aus Gold 750 und 625/1000
1829 1830	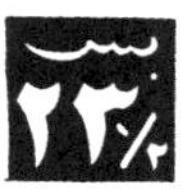 	BENI SUEF (ET), ab 1916; Gegenstände aus Gold 958 und 875/1000

1831
1832

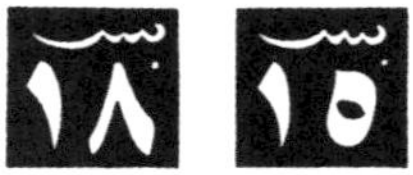

BENI SUEF (ET), ab 1916; Gegenstände aus Gold 750 und 625/1000

1833
1834

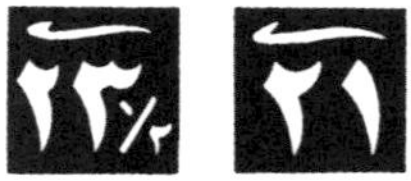

ALEXANDRIA (ET), ab 1916; Gegenstände aus Gold 958 und 875/1000

1835
1836

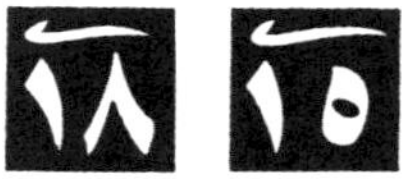

ALEXANDRIA (ET), ab 1916; Gegenstände aus Gold 750 und 625/1000

1837
1838

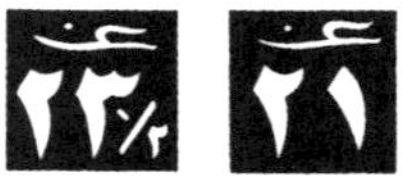

TANTA (ET), ab 1916; Gegenstände aus Gold 958 und 875/1000

1839
1840

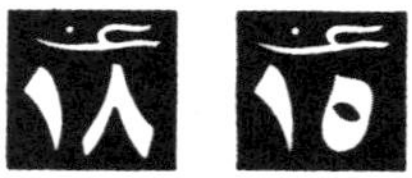

TANTA (ET), ab 1916; Gegenstände aus Gold 750 und 625/1000

1841
1842
1843

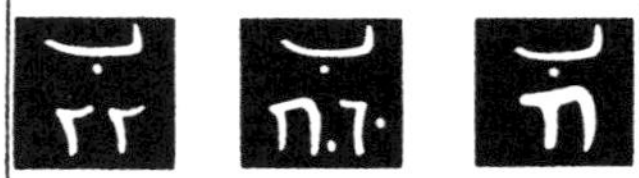

LIBANON, ab 1953; Gegenstände aus Gold 916, 900 und 875/1000

1844
1845
1846

LIBANON, ab 1953; Gegenstände aus Gold 833, 750 und 583/1000

1847
1848

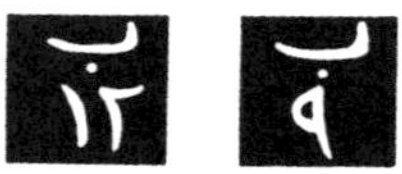

LIBANON, ab 1953; Gegenstände aus Gold 500 und 375/1000

1849

純白金

JAPAN, ab 1959; Stempel für reines Platin

1850

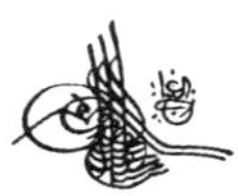

TÜRKEI, 1809—1922; Gegenstände aus Gold 920/1000

ÜBERSICHT DER WICHTIGSTEN LITERATUR

Beuque, E.: Dictionnaire des Poinçons, 2 Bände, Paris 1924 und 1927.

Bradbury, F.: British and Irish Silver Assay Office Marks 1544—1954, London 1955.

Bulgari, C. G.: Argentieri, gemmari e orfi d'Italie, Roma 1958—1969.

Goldberg, T., Mischukow F., Platonowa F., Postnikowa-Losewa M.: Russkoje zolotoje i serebrjanoje delo XV.—XX. wekow, Moskwa 1967.

Hráský, J.: Značkování výrobků z drahých kovů (Pražský sborník historický VIII.) (Stempelung der Erzeugnisse aus Edelmetallen – Historische Sammelschrift) Praha 1973.

Jackson, C. J.: English Goldsmiths and their Marks, London 1964.

Lepszy, L.: Premysl zlotniczy w Polsce, Kraków 1933.

Knies, K.: Die Punzirung in Österreich, Wien 1896.

Kovář, J.: Vyobrazení puncovních značek různých států (Punzierungsstempel verschiedener Staaten in Bildern), Praha o. J.

Kunc, Felix: Drahokamy, drahé kovy, šperky (Edelsteine, Edelmetalle und Schmuck), Praha 1948.

Leitermann, Heinz: Deutsche Goldschmiedekunst, Stuttgart 1954.

Reitzner, V.: Alt-Wien-Lexikon für österreichische und süddeutsche Kunst und Kunstgewerbe. Band III: Edelmetalle und deren Punzen, Wien 1952.

Rosenberg, M.: Geschichte der Goldschmiedekunst auf technischer Grundlage, Frankfurt/Main 1910—1925

Rosenberg, M.: Der Goldschmiede-Merkzeichen, Frankfurt/Main 1922 bis 1928.

Täubl, K.: Zlatnictví (Goldschmiedekunst), Praha 1963.

Tardy,: Poinçons d'or et de platin, Paris o.J.

Schade, G.: Deutsche Goldschmiedekunst, Leipzig 1974, Hanau 1977.

Schwahn, Ch.: Die Metalle, ihre Legierungen und Lote, Halle 1949.

Selwyn, A.: Retail Jeweller's Handbook, London 1948.

Steingräber, E.: Der Goldschmied, München 1966.

Upmark, G.: Guld- och Silversmeder i Sverige 1520—1850, Stockholm 1925

Vidal, M. G.: Marcas de Contraste e Ourives Portugueses XV°—1950. Lisboa 1958

Voet, E. jr. en P. W. Voet: Nederlandse Goud- en Zilvermerken 1435——1951, Den Haag 1951.

VERZEICHNIS DER STÄDTE UND STAATEN